COLIN RIVAS

COLIN RIVAS

COLIN RIVAS

COLIN RIVAS

MISTERIOS
SECRETOS
DEL COMIENZO
DE AMÉRICA
COLIN
RIVAS

COLIN RIVAS

COLIN RIVAS

COLIN RIVAS

MISTERIOS SECRETOS DEL COMIENZO DE AMÉRICA

POR
COLIN RIVAS

COLIN RIVAS

COLIN RIVAS

ÍNDICE

COLIN RIVAS

ISBN 9798566599359

COLIN RIVAS

«Aquellos que pueden dejar la libertad esencial para obtener un poco de seguridad temporal, no merecen, ni libertad, ni seguridad» **- Benjamin Franklin 1781**

SECRETOS DE AMÉRICA

INTRO

«A lo largo de la historia, la humanidad ha soñado con crear una sociedad perfecta, un imperio que de alguna manera podría satisfacer las necesidades de todos los hombres, una antigua leyenda arroja luces y sombras a una de estas sociedades que se dice que existió hace mucho tiempo hace mas de 13 mil años. El filósofo heleno, Platón, estableció un diálogo llamado Critias que contaba la historia de un antiguo poeta y estadista griego llamado SOLÓN quien había viajado a Egipto en busca de sabiduría para ayudar al gobierno de su amada Grecia, los griegos habían sido asolados por facciones radicales violentas y problemas, por lo que Solón apeló al consejo de los sacerdotes de la ciudad de Sais y Heliópolis en Egipto.

Un anciano sacerdote de la diosa Nefty y Sonchis de Sais le dijeron : "Oh Solón, Oh Solón, vosotros los griegos nunca madurareis, no sois más que niños, no hay ninguna opinión antigua entre vosotros ni ninguna ciencia que sea blanca con la edad...," el anciano sacerdote procedió a contarle la historia de la ciudad o imperio perdidos de la Atlántida. No obstante en los siglos posteriores, los eruditos e investigadores han debatido si la Atlántida de Platón tenía la intención de ser un relato de la historia empírica o simplemente un mito alegórico; algunos incluso sugieren que la Atlántida fue realmente el mundo antediluviano malvado destruido por la ira de Dios en el gran diluvio de Noé.

SECRETOS DE AMÉRICA

MASONERÍA BUENA… MASONERÍA MALA

En el siglo 20, el relato de Platón fue respaldado aún más por el filósofo masónico Manley P. Hall. Manley afirmó que la Atlántida fue en el remotísimo pasado prehistórico un vasto y poderoso imperio que se extendía a todo el mundo como una Commonwealth de Naciones con alta moral y ética. Este tipo de civilización atlante un día estaría destinada a ser reconstruida pero cuando y como, no se sabía con exactitud. ¿Y quién era exactamente Manley P. Hall? Manley P. Hall fue probablemente el ocultista y francomasón más estimado y alabado del siglo 20; llegó a comprender los secretos de todas las épocas mucho antes de que se uniera a la masonería. Este masón de 33 grado fue la máxima autoridad en el lado ocultista de la masonería. El lado oscuro profundo de la masonería, el que la mayoría de los masones que nunca se les ha dicho.

Realmente no puedo pensar en nadie cercano a Manly P. Hall que fue una de las personas que más trajeron a la luz pública estos hechos dentro de este otro mundo. Manly fue autor de más de 200 libros y se dice que dio unas 8.000 conferencias sobre filosofía antigua, tal vez sea más recordado por su contribución a la misteriosa Hermandad de la masonería y tras su muerte en 1990, el Scottish Rite Journal, una publicación masónica señaló que a menudo se le conocía en círculos cómo el más grande filósofo contemporáneo de la masonería.

SECRETOS DE AMÉRICA

La mayor de sus enseñanzas fue la que nos desvela detalles de cómo opera la masonería y todas las órdenes secretas que hablaban sobre la sabiduría antigua de la Atlántida añorada y perdida. Manly escribió que durante más de 3.000 años las sociedades secretas habían trabajado concienzudamente para crear un trasfondo de conocimiento necesario para el establecimiento de una democracia ilustrada entre las naciones del mundo de acuerdo con estos principios. Las sociedades se remontaban al antiguo Egipto y habían sabido durante muchos siglos de un lugar secreto oculto a los ojos de los hombres comunes y llegaría un día en que se revelaría.

*En el siglo 17, cuando los británicos colonizaban el nuevo mundo, Sir Francis Bacon, el líder de las sociedades secretas en Inglaterra, estableció su obra clásica, **La Nueva Atlántida**, mientras que los arqueólogos y buscadores de tesoros han exploraron todo el mundo en busca del continente perdido durante más 400 años, Bacon como muchos de sus contemporáneos creían que la Atlántida era la propia América. Bacon, de hecho, fue fundamental en el esquema de la colonización británica y su conexión con el concepto de la Nueva Atlántida, la cual trataba de sentar las bases de lo que podría lograrse en el Nuevo Mundo. Y mientras la Atlántida de Platón era un poderoso imperio conocido por la filosofía de sus Reyes, Bacon escribía sobre una nación gobernada por logros científicos llenos de maravillas tecnológicas nunca antes vistas.*

SECRETOS DE AMÉRICA

Bacon habló de esta nueva nación, de submarinos, de armas de guerra inimaginables, máquinas voladoras y edificios altos y majestuosos, me refiero a ¿cómo llegó a poseer este conocimiento moderno y futurista 300 años antes de que sucediese? Si, Francis Bacon describe el curso del nuevo mundo mucho antes de su tiempo y, de ser así, ¿por qué poder se inspiró para hacerlo mientras no hay estados o ciudades que lleven su nombre?

La explicación se encuentra en el astrólogo, médico y científico de la Reina Isabel, Sir John Dee y su médium Edward Kelly. Dee y Kelley eran personas que se dedicaban a contactar con espíritus y entidades que aparecían en grimorios de la época. Creían firmemente que las revelaciones que les llegaban del mundo espiritual y procedente de estos espíritus adimensionales le proveían conocimiento del pasado y futuro, el cual le daba superioridad sobre otras naciones de la época como España. Bacon igual que Sir Francis Drake, el pirata inglés y la corte isabelina compartían todos este conocimiento anticipado de sucesos pasados y eventos por llegar, ya que eran primos hermanos.

La misteriosa influencia de Bacon ha obligado a algunos a llamarlo el verdadero fundador de América. La fundación de América fue realmente a través de otras personas que estaban siguiendo su trabajo siguiendo el programa que había presentado Dee a Bacon y a su corte.

SECRETOS DE AMÉRICA

Bacon era jefe de la masonería, del Rosicrucianismo y tenía una gran influencia al ser el jefe de la fraternidad rosacruz en el momento en que tenía una gran influencia en el nacimiento de la masonería moderna y muchos de esos rosacruces realmente entraron en la masonería en ese momento para elevarla a su nuevo nivel y la masonería tiene una gran influencia en la fundación de América. Además, Bacon es uno de los candidatos al que investigadores empedernidos de Shakespeare apuntan a que el mismo era William Shakespeare junto con los escribientes de la corte Isabelina.

Mientras que muchos de los primeros colonos vinieron a trabajar la tierra por la causa de la libertad religiosa y la persecución del estado-Rey, junto con ellos compartían espacio sociedades secretas que llegaron al nuevo mundo con otra agenda. Las sociedades secretas llegaron a América poco después de que llegaran los peregrinos y fueron enviados por un hombre y un hombre solo. Ese hombre era Sir Francis Bacon.

En América existe esta mezcla muy extraña de pueblos, muchos de las cuales comprendieron incluso entonces la ventaja espiritual y de otro tipo de tener órdenes secretas a menos que comprendas la influencia de las sociedades ocultas en el desarrollo de América en la fundación de América y en el transcurso de eventos en América, te perderás por completo durante mi libro y como fueron ellos a través de los cuales este trabajo se puso en funcionamiento en Inglaterra en Europa y con el tiempo en América.

SECRETOS DE AMÉRICA

Esto es para que América luego pudiera utilizarse para conducir al mundo hacia el Imperio filosófico, si entiendes que América fue fundado por cristianos como una nación cristiana, sin embargo, siempre hubo personas del otro lado que querían usar nuestro poder militar y nuestro poder financiero para establecer democracias iluminadas en todo el mundo y restaurar esa Atlántida perdida. Quizás, no es algo que suceda todavía, pero tal vez esté ocurriendo ahora mismo en Estados Unidos. Acordaros que en su vida Sir Francis Bacon, se refirió a sí mismo como el paladín de una nueva era, impulsó un nuevo orden universal para todo el mundo ¿puede ser esto a lo que los primeros fundadores estadounidenses se refirieron con las palabras **Novus Ordo Seclorum** *el nuevo orden de las edades?*

*Y mientras América avanza repartiendo "**democracia**" a tutiplén por todo el mundo, simplemente promoviendo la libertad o cumpliendo un plan antiquísimo y siguiendo un curso de colisión planeado durante siglos por hombres que creen que América y sobre todo occidente han elegido un destino secreto. Sin embargo para entender el presente y el futuro vamos a dirigirnos hacia el pasado e intentaré desvelar los misterios secretos de América y si, de facto, los que manejan los hilos del poder quieren que América sea la Nueva Atlantis.»*

AGRADECIMIENTOS:

¡Ave a todos aquellos valientes y puros de espíritu y corazón que luchan contra el nuevo orden mundial, aún inconscientemente y sin saber que en cada esquina y recóndito de su barrio, ciudad o país acecha este mal que poco a poco cederá a la luz de los hechos que se revelaran en años y décadas venideras!

... Quiero agradecer a Jordan Maxwell que me ha dado mucha información sobre la subversión y actividades del Culto del Ojo que Todo lo Ve, a mi amigo ya fallecido Lloyd Pye, una persona tan misteriosa como inteligente; y por último a la gran Nesta H. Webster, al difunto Anthony Hilder de Los Ángeles que hizo ese primer documental fascinante sobre los Illuminati allá por los 90 y de ahí nació mi pasión por investigar más el fenómeno del por qué y cómo sociedades secretas poderosas controlan nuestro planeta desde hace miles de años.

SECRETOS DE AMÉRICA

SECRETOS DE AMÉRICA

PREFACIO

Si, el que lee este libro, se siente angustiado o asustado, no lo debe estar, porque la conspiración para destruir las libertades individuales de las personas se ve completamente socavada en tu acto de leer este libro.

La conspiración depende principalmente de poder ocultar su funcionamiento interno. Pero después de leer este libro, estarás mucho más iluminado y más alerta.

EN ESTE VOLUMEN PODRÁS LEER LO SIGUIENTE:

+La génesis de las primeras sociedades secretas en la Europa de las cortes reales.

+Francis Bacon y el enigma de quien fue realmente Shakespeare

+ Cómo y Porqué los Reyes Europeos quieren controlar América

+Dónde y qué fue la Atlántida

+Que tecnología y poder tenían en la Atlántida

+ Cómo nació el inglés y porqué

+ Qué mano negra precipitó la fundación de América

+ Quien eran de verdad los padres fundadores

SECRETOS DE AMÉRICA

+La fundación de EEUU y la masonería

+Porqué las pirámides están relacionadas con EEUU

+Las verdaderas atrocidades de los satanistas

+ La importancia de los diseños místicos en el billete estadounidense del dólar.

CAPÍTULO I: LOS ARQUITECTOS DEL CONTROL

«El verdadero gnóstico comprende que hay una diferencia entre la actividad religiosa y la verdad espiritual..» *- David Tresemer*

Cómo hablo en mi libro –La Cara Oculta de Hollywood– no solo los medios y la tele intentan influir en nuestras opiniones y cerebros a diario sino tambien las películas. Por ejemplo en el film *"La Busqueda"* con Nicholas Cage revela a muchos el papel de los masones en la fundación de Estados Unidos a menudo visto como una organización en la sombra con agendas ocultas. En la pelicula se ve que la masonería se retrata de forma positiva. ¿Es esta una coincidencia o podría haber algo detrás de ella? probablemente haya algo detrás de esto, incluso en la pelicula John Voight dice : "…los masones nos dejaron pistas sobre la pirámide inacabada…" cuando la película "La Busqueda" es probablemente la primera película en muchos años que ha dado un giro positivo a la Logia Masónica y, esencialmente, parece haber sido al menos parcialmente diseñada es una especie de propaganda

SECRETOS DE AMÉRICA

Para ellos, básicamente trataban de decirte que este grupo que han ocultado conocimiento secreto de lo que sea, el alijo de oro o lo que sea, los masones son básicamente buenos chicos porque les hace parecer una especie de grupo benigno y sombrío que es en el fondo protegiendo estos importantes secretos antiguos y también protegiendo este gran tesoro masivo, era bastante preciso y es Enfermedad masónica, se puede decir a quien hizo la película, o había un masón y, por supuesto, hay muchos masones en Hollywood o bien había investigado mucho.

Mientras que los arqueólogos y cazadores de tesoros han buscado por todo el mundo el continente perdido desde hace más de 400 años, Bacon como muchos de sus contemporáneos creían que la Atlántida era la propia América. No ha habido nadie más impulsor de la idea de Atlantis que Francis Bacon, y se ve reflejada en muchos films de Hollywood. De todas maneras, para mí, Bacon fue realmente fundamental en el teje maneje de la colonización británica y su conexión con el concepto de la Nueva Atlántida estaba tratando de sentar las bases de lo que podría lograrse en el Nuevo Mundo.

La mítica Atlántida de Platón era un poderoso imperio conocido. porque la filosofía de sus Reyes, Bacon escribió sobre una nación gobernada por un poder científico lleno de maravillas nunca antes vistas ya que Bacon hablaba de esta nueva nación llena de submarinos, de armas de guerra inimaginables, de máquinas voladoras y rascacielos, o sea, ¿cómo llegó a poseer este conocimiento Francis Bacon delineando el curso del nuevo mundo antes de su tiempo?

SECRETOS DE AMÉRICA

Esta misteriosa influencia Baconiana ha obligado a algunos a llamarlo el verdadero fundador de América. Sir Francis Bacon, obtiene esta mezcla muy extraña de personas, muchas de las cuales comprendieron incluso entonces la ventaja espiritual y de otro tipo de tener órdenes secretas a menos que comprendas la influencia de las sociedades ocultas en el desarrollo de América en el establecimiento de América en la formación de EEUU., te pierdes por completo durante nuestra historia y fueron ellos a través de los cuales se puso en funcionamiento este gran trabajo del gran arquitecto en Inglaterra, en Europa y con el tiempo en América y en todo el mundo para que América luego pudiera ser utilizada para llevar al mundo al Imperio filosófico atlante. América fue fundada por cristianos como nación cristiana. Sin embargo, ha habido gente muy importante que ha querido que América fuese utilizada como herramienta para controlar el mundo y llevar a cabo sus planes nefastos.

Durante los últimos 3.000 años lo que ha estado guardando la masonería, la historia real de los masones, varía de una fuente a otra y es un hecho continuo de controversia. Los masones afirman que sus orígenes bíblicos se remontan a Tubal Kain primer cofrade masón, así como Nimrod, que construyó la Torre de Babel y fundó la antigua ciudad de Babilonia, el rey Salomón juega un papel importante, ya que se dice que ambos fueron los constructores del Gran Templo en Jerusalén.No menos importante es la influencia del gnosticismo a veces llamado la madre de la masonería.

SECRETOS DE AMÉRICA

Según el historiador masónico Albert Mackey, el gnosticismo es donde la masonería obtiene la misteriosa letra G, aunque yo he investigado que viene de la tribu levita **G**AONIM- como se ve en medio del cuadrado masónico y la brújula, un símbolo que a menudo adorna las lápidas masónicas conocidas por rechazar los evangelios bíblicos y que los gnósticos afirman ser los verdaderos cristianos un problema que los cristianos tienen ya que hablaban con vehemencia en contra en el Nuevo Testamento.

Sin embargo, los debates más populares de las masonerías, especialmente con las películas como el **La Búsqueda** y libros como **El código Da Vinci** nacido de **Holy Blood Holy Grail**, parecían involucrar a los misteriosos *Caballeros Templarios* cuya conexión con la masonería se ve a menudo en la Capilla Rosslyn en la capital de Escocia, Edinburgo, un lugar que no solo revela mucho sobre los templarios y la masonería, sino también secretos de la fundación del nuevo mundo. Pero cualquiera que sea la conexión, la mayoría de los masones trazan sus orígenes hasta los misterios del antiguo Egipto.

Egipto es más o menos la fuente más próxima de toda la enseñanza de los misterios esotéricos, después del ejemplo de los masones egipcios, los masones tallaban sus propias imágenes en las grandes estructuras de Europa. Los signos y símbolos secretos estaban incrustados en su trabajo, cuyo significado debía ocultarse a los forasteros.

SECRETOS DE AMÉRICA

Los signos y símbolos secretos de estos maestros masones estaban incrustados en su trabajo, cuyo significado debía ocultarse a los forasteros, estos eran los masones artesanales que realmente construyeron los templos, y si miras la arquitectura europea, sabes que todas esas grandes catedrales en Europa Catedral de Colonia en Alemania, Notredame en París, Catedral de Salisbury en Inglaterra etc tienen impreso estos signos cripticos.

Todas esas hermosas catedrales fueron construidas alrededor de los años 1200 y 1300 y fueron estos albañiles quienes conocían su negocio y querían mantener sus habilidades en secreto. todas las grandes catedrales de Europa fueron construidas por canteros que tenían un conocimiento de la tradición esotérica y son básicamente acertijos y piedras. cuando los masones llegaron a América, practicaron su oficio de la misma manera que lo habían hecho en Europa, incorporando códigos secretos en el diseño y la fundación de las colonias americanas.

Algunos creen que esto puede explicar la ubicación geográfica de las cinco grandes ciudades de la Guerra Revolucionaria, en particular Boston, Nueva York, Baltimore, Filadelfia y Washington DC se han construido en perfecta alineación a lo largo de la costa este. El investigador Jim Alison cree que esta alineación puede ser parte de algo más grande. Es muy poco probable que la alineación sea una coincidencia.

SECRETOS DE AMÉRICA

Según Allison, la alineación de las ciudades y los sitios antiguos son parte de una serie de grandes círculos que abarcan la tierra. Estos círculos son supuestamente como líneas de poder sobre las cuales se construyen sitios importantes de la manera más simple. Sin embargo, el ejemplo más obvio de un gran círculo es el ecuador porque corre alrededor del centro de la tierra corre hacia los meridianos de longitud este-oeste que corren hacia el norte sur a través de los polos norte y sur.

Si lo extiendes por todos lados, esos también son grandes círculos porque atraviesan el centro de la tierra. Allison afirma que los sitios místicos como las pirámides de la Isla de Pascua, las ciudades mayas y aztecas están construidas sobre estos grandes círculos. además, uno de estos grandes círculos contiene las cinco ciudades que se remontan a la era de la Guerra Revolucionaria Americana.

Washington DC de Filadelfia Baltimore La ciudad de Nueva York y Boston están de hecho alineados, están bastante cerca, la distancia de Washington DC a Boston es de 400 millas y, como resultado, puede ver la alineación solo en un mapa plano porque el La curvatura de la tierra no es tanto sobre esa distancia como para distorsionarla. pero en un mapa tridimensional es aún más claro, pero ¿es solo una curiosa coincidencia o podría haber algún significado oculto detrás de esto?

SECRETOS DE AMÉRICA

En la década de 1920, un inglés llamado Alfred Watkins notó una serie de pistas o líneas rectas sobre la superficie de la Tierra que parecían conectar los monumentos antiguos y los lugares sagrados de todo el mundo, lo que descubrió fue que en varios casos varios de estos monumentos estaban alineados. en líneas rectas muertas que se extendían desde unas pocas millas hasta, en algunos casos, muchas millas.

Acuñó el término líneas ley para describir y explicar estas alineaciones Watkins creía que hay algún tipo de líneas de cuadrícula que atraviesan la tierra de líneas de energía o magnetismo o electromagnetismo o algún otro tipo de atracción sobre la tierra, y eso es lo que es. lo que describió como líneas ley.

Watkins creía que los constructores de estos sitios eran conscientes de estas líneas que representaban la tierra y que intencionalmente construyeron estos monumentos sobre estas líneas. Algunas personas dicen que son como los puntos de acupuntura de la tierra y que siempre quieres construir cosas en una línea ley todas las grandes catedrales de Europa o construir sobre estas líneas ley que son como corrientes de poder.

La pregunta sigue siendo si tales líneas eléctricas son importantes para los constructores de las primeras ciudades estadounidenses si se alinearon con un propósito secreto en mente que es múy importante donde se construye la pirámide de Khufu, la Gran Pirámide y es muy importante donde se construye Stonehenge.

SECRETOS DE AMÉRICA

Hay varios grandes círculos que los monumentos antiguos están alineados y, en algunos casos, el desarrollo antiguo y moderno está alineado con la extensión de la alineación desde Boston al noreste hacia Europa, la alineación cruza el Atlántico y cruza a Inglaterra y cruza Stonehenge, que por supuesto es uno de los más monumentos importantes ciertamente en Inglaterra y posiblemente en cualquier lugar puede ser una coincidencia que los primeros colonos construyeran estas cinco ciudades en perfecta alineación entre sí y en perfecta alineación con Stonehenge.

Allison admite que muchos de los monumentos antiguos están alineados en líneas ley o grandes círculos dentro de una fracción de un grado, una distancia que a veces equivale a 15 o 20 millas, pero en el vínculo entre el mundo antiguo y el nuevo. El simple hecho es que están alineados, pero la evidencia continúa. Se dice que la ciudad capital de Estados Unidos, Washington DC, está ubicada en el meridiano 77 oeste, considerado un lugar sagrado conocido como la longitud de Dios.

En su libro *Que Marca El Tiempo*, el autor Duncan Steele sostiene que la primera expedición de Sir Walter Raleigh, conocido por la Colonia Perdida de Roanoke, no fue del todo un fracaso, parecía que la intención de Raleigh según el acero no era realmente establecer una colonia, sino capturar a Dios. de longitud localizando el meridiano 77.

SECRETOS DE AMÉRICA

El objetivo del ocultista que comprende estos conceptos es que las cosas existan dentro de las armonías sagradas de la tierra. en Washington DC incluso se encuentra Meridian Hill que se dice que marca la ubicación precisa de la longitud sagrada. El propio Raleigh era miembro de la sociedad secreta de tocino en Inglaterra si lo envió en un viaje místico para que América pudiera diseñarse de acuerdo con principios esotéricos desde el principio y cuántos otros llegaron a tierra como resultado de la influencia baconiana.

Los rosacruces, POR EJEMPLO, desembarcaron muy temprano en la fundación del nuevo mundo. los masones también estuvieron allí desde el principio y desde muy temprano ENCONTRARÁS UN cartel de lo oculto de varios grupos básicamente tenía como objetivo establecer una sociedad en este continente que estaba totalmente entregada a objetivos esotéricos.

SECRETOS DE AMÉRICA

CAPÍTULO 2: LA MANO DE LA MASONERÍA

« La gente prefiere creer lo que quiere que sea verdad...»

- *Francis Bacon*

George Washington es probablemente el masón más famoso del planeta. Washington colocó la primera piedra angulada .-cornerstone- del primer edificio estatal de los Estados Unidos. Washington llevaba regalia y participó en ese ritual de fundación de América. Fue registrado en el Columbian Mirror (abajo). La colocación de la piedra angulada precede la masonería, viene del Egipto antiguo y algunos expertos dicen de Sumeria. El apaciguamiento de los dioses o protección contra los demonios o malos espiritus que plagan el sitio.

Algunos creen que este ritual y simbolismo tiene un significado diferente y aplica al maiz. Curiosamente, el dios del maiz en la antigua fenicia era Dagan o Dagon. Y aunque este era reverado como el dios del maiz tambien fue el dios pez.

SECRETOS DE AMÉRICA

Su hijo era llamado Baal o el niño del maiz. Para complicar las cosas, vemos que los hijos de Israel en la biblia le ofrecen maiz y agua a Yawhee o Yavé. En Hosea 2:8 nos dice *"No se da cuenta que el aceite, maiz y el agua que tienen los hijos de Israel se lo di yo preparado para Baal"* Baal es una deidad parecida a saturno o a moises en las representaciones del Vaticano o incluso en Washington. Baal fue resucitado o despierto. Los feligreses de Baal esperaban el "***despertar***." Por otro lado los obeliscos es una palabra que significa el palo de Baal, y no solo los encontramos en Egipto sino tambien en Europa y sobre todo en EEUU, más concretamente en Washinton DC.

Por eso, todo aquellos críticos de la masonería apuntan a que el dios de la masonería es Baal y en honor a el, ritualizan sus ceremonias con el agua y el maiz sobre las piedras u obeliscos. En la masonería, sobre todo, en sus más altos grados el dios al que hacen honores es Jah Bul On… Una combinación de Yawhe o Javé, Baal y Osiris. Son grados adicionales. Aunque muchos historiadores masónicos admiten que no es un dios en si sino una amalgama de varios dioses. Sobre todo de Canaan y Egipto. Se utiliza como clave secreta para los más altos grados también. De ahí, la colusión entre el cristianismo y la masonería. En el Torah asi como en los evangelios, Baal está tipificado como el señor de los demonios o diablos del averno. Así que Baal es sinónimo de lo malo.

¿Es todo esto unas ceremonias o rituales tradicionales e inofensivas? ¿O es todo una conspiración satánica de dominación? ¿Cuáles son sus intenciones?

> *The Artillery difcharged a Volley.*
> The Plate was then delivered to the Prefident who,
> tended by the Grand Mafter, P. T.—And three m
> Worfhipful Mafters, defcended to the Cavellon trench
> and depofed the plate, and laid on it the Corner Stone
> the Capitol of the United States of America; on wh
> was depofed Corn, Wine, and Oil: When the wh
> congregation joined in awfull prayer, which was fucce
> ed by Mafonic Chanting Honor's and a volley from
> Artillery.
> The Prefident of the United States, and his attend
> Brethren afcended from the cavellon to the Eaft of
> Corner Stone, and there the Grand Mafter P. T.

EXPLICACIÓN DEL RITUAL DE LA FUNDACION MASÓNICA DE EEUU CON WASHINGTON AL FRENTE EXTRAÍDA DEL PERÍODICO COLUMBIA MIRROR DE LA ÉPOCA.

Los símbolos revelan y engañan dicen aquellos que poseen el ojo que todo lo ve. Por tanto, los símbolos tienen dos caras: la esotérica y la exotérica. La primera son los símbolos originales guardados y secretos comprendidos por unos pocos elegidos. La segunda, es la inventada o explicación para contentar al resto de la gente que no la comprenden. La Franco-masonería en forma Rosacruz tiene sus cuarteles generales en San José, California.

Tienes que entender que la masonería es simplemente la manifestación moderna de las antiguas religiones misteriosas. La idea de la masonería ha existido literalmente durante miles de años y, por supuesto, el rosicrucianismo fue simplemente un precursor de la masonería moderna. La orden toma su nombre de su símbolo principal, las rosas y la cruz.

SECRETOS DE AMÉRICA

Como la masonería, los Rosacruces remontan su religión a los misterios del antiguo Egipto. Su base de poder en San José se centra alrededor de un Museo Egipcio. Los capítulos de los Rosacruces que estudian todos los lugares de América. No solo uno tiene que ir a Internet y es posible que haya sitios web donde reclutan personas para la orden rosacruz. La gente ni siquiera tiene idea de que estas personas están aquí. Quizás, la razón de su falta de exposición es que son eclipsadas por el jefe de todas las sociedades secretas, la antigua orden de la masonería.

Sin embargo, se dice que los Rosacruces fueron los primeros de las órdenes secretas que abrieron una puerta al nuevo mundo. Lo primero que sabemos de una cabeza de playa de culto en Estados Unidos fue Rosacruz. En el siglo XVI, Sir Francis Bacon se había convertido en el jefe de los Rosacruces en Inglaterra. Los investigadores creen que Bacon envió a miembros de esta sociedad a América para lanzar su imperio esotérico, la Nueva Atlántida. Los sellos de Terranova conmemoran la temprana influencia de Bacon. El rosicrucianismo hoy tiene a Bacon en la más alta estima como transmisor activo de estos secretos.

Pero la influencia de Bacon no se limitó al rosicrucianismo; algunos lo consideran el primero en formalizar las enseñanzas misteriosas en un sistema que ahora se reconoce como LA MASONERÍA moderna. Entonces, la masonería hasta ese momento, estaba muy involucrada con el oficio de construir edificios, había sido un solo un gremio.

SECRETOS DE AMÉRICA

Esta sociedad internacional también vendría al nuevo mundo y mientras los rosacruces de Bacon mantendrían una posición de cuidadoso anonimato, la orden de la masonería pusieron sus manos en América hasta las alturas mismas del poder. En ningún lugar se ve más claramente la presencia masónica que en el diseño de la ciudad capital de Estados Unidos, Washington DC. Washington DC se basa completamente en la arquitectura masónica. Toda la arquitectura se presenta en una materia oculta con simbología masónica cada edificio importante en él en Washington DC como un cartel masónico.

En su libro, *la arquitectura secreta* del autor de *la capital de nuestra nación,* David Overson, confirma la influencia esotérica de la masonería en el diseño y la construcción de Washington DC. Overson revela las ceremonias ocultas que rodean la colocación de la piedra angular de la ciudad, un ritual que involucró al padre de la nación, George Washington. Sugiere que el propósito oculto de los rituales masónicos es que Estados Unidos recibiría el poder de los dioses del mundo antiguo.

La tradición nos dice que América fue fundada como una nación cristiana solamente, pero si este es el caso, ¿porque encontramos los símbolos los de las religiones paganas en lugar de imágenes de Cristo los Apóstoles y historias de la Biblia?

SECRETOS DE AMÉRICA

Aquí es donde viene la gran confusión en Estados Unidos si fue fundada como nación cristiana o no. Pero también fue fundada como una nación oculta y siempre ha habido dos fuerzas paralelas aquí en Estados Unidos, una cristiana y otra oculta que se remonta al siglo XVII. Y hasta que comprendas que no puedes comprender nada de lo que sucede en el mundo de hoy.

El conflicto entre el cristianismo y lo oculto ha obligado a algunos a rechazar por completo la influencia de Dios en los primeros años de América. En febrero de 2005, CBS news.com publicó un artículo titulado Nuestra Constitución sin dios, la autora Brooke Allen escribió que nuestra nación no se fundó sobre principios cristianos, sino sobre principios de la iluminación. Dios solo entró en escena como un actor muy secundario y Jesucristo estuvo notablemente ausente. Un tema principal de debate son los mismos símbolos que definen a los Estados Unidos de dónde vienen y qué o a quién representan exactamente de cualquiera de las respuestas se encuentran en las sociedades secretas.

Puedes ver su influencia en la parte posterior del Gran Sello de los Estados Unidos. En 1782 se pusieron una pirámide y un ojo con el lema debajo de Novus Ordo seclorum el nuevo orden secular del mundo. Oculto hasta aproximadamente 1935, cuando se quitó la parte posterior del Gran Sello de los Estados Unidos y se colocó en la parte posterior del billete de un dólar estadounidense, donde hoy simboliza la influencia de las sociedades secretas de América.

SECRETOS DE AMÉRICA

El ojo glorificado o que todo lo ve es conocido como el Ojo de Horus uno de los dioses más importantes de los misterios egipcios; otros íconos paganos incluyen el Monumento a Washington, un obelisco normalmente dedicado al Dios Sol egipcio. Mientras tanto se tomó la idea de la Estatua de la Libertad del coloso de rodas una de las siete maravillas del mundo antiguo y combinada con las imágenes de la diosa de la antigua babilonia, la reina Semiramis.

¿Qué nos dicen estos elementos esotéricos acerca de los padres fundadores de América, quiénes fueron y cuál fue la luz con la que vieron el mundo y a sí mismos en la mayoría de la gente? ¿quiénes fueron los padres fundadores? ¿Eran deístas o eran librepensadores? o eran rosacruces o eran masones o eran todos lo de arriba? El problema no es blanco y negro. Con mucho, la principal fuente de controversia es la participación de los padres fundadores con sociedades secretas, más en concreto, la masonería.

Creo que la verdad está en algún punto intermedio, ya que generalmente son los dos extremos. Es una lucha eterna, ambos lados de esta lucha por el poder son los signos de las sociedades secretas que intentan impulsar la Nueva Atlántida. Así que no me sorprende que la mayoría de estos hombres y en el Congreso Continental o las firmas de la Declaración de Independencia fueran masones o lo que sea. No me sorprénde ni me molesta porque sé que bajo el velo de todos ellos está una vasta horda de personas que eran cristianos bíblicos. Y eso mantuvo un equilibrio bastante óptimo.

38

CAPÍTULO 3: SU SATÁNICA MAJESTAD BACONIANA

«No fue mi intención poner en duda que las doctrinas de los Illuminati y los principios del jacobinismo no se habían extendido en los Estados Unidos. Por el contrario, nadie está más satisfecho de este hecho que yo»

- George Washington

La pregunta que hay que hacerse es: *"¿Hubo alguna base racional para que los hombres de los Illuminati se comportaran como lo hicieron y pusieran en movimiento revoluciones, levantamientos y conspiraciones?"*

SECRETOS DE AMÉRICA

Así que, Bacon había establecido un método científico mediante el cual la humanidad pueda alcanzar todo el conocimiento. A través de este método, Bacon buscó traer una luz que eventualmente revelaría y traería a la vista todo lo que está más oculto y secreto en el universo, pero primero tendría que encontrar una manera de superar las tradiciones obstinadas empleadas por los académicos de su época que Preferiría debatir que examinar.

Este método experimental y luego tuvo una fórmula de dos unidades que comienzan con los fundamentos básicos del mundo físico que son las leyes físicas de la física y luego trabajan hacia afuera hacia la metafísica.

Se dice que hizo contacto con el reino espiritual y que al escuchar una voz celestial se le dio el trabajo de su vida para protegerse, mantuvo sus prácticas veladas dentro de sociedades secretas, en particular la antigua Hermandad de la rosa y la cruz.

Los Rosacruces habían creído durante mucho tiempo que los poderes y principados del reino de los espíritus poseían un conocimiento secreto que podría usarse en beneficio de la humanidad. Estas y otras enseñanzas debían mantenerse ocultas a los considerados profanos y especialmente a la Iglesia. los rosacruces tenían que ser una sociedad secreta, su objetivo era que Dios descubriera las verdades de Dios después de él, pero parte de su metodología rozaba la brujería, por ejemplo, la transmutación de metales básicos en oro, afirmaban que podían hacerlo, pero LO DUDO.

SECRETOS DE AMÉRICA

Afirmaron que podían comunicarse bien con ángeles y demonios en primer lugar, la escritura te dice que no lo hagas, pero su idea era que si pudieras hacer eso, seguramente esas personas esas esas criaturas al menos los ángeles y los demonios que conocen mucho. de cosas que no sabemos después de todo, han existido desde tiempos inmemoriales y están familiarizados con el cielo mismo, por lo que seguramente pueden contarnos muchos secretos.

Sin embargo, en esos tiempos, la iglesia que ves tendría una mala opinión de eso y tienen el monopolio de los espíritus involucrados, por lo que podrían ser ejecutados por ese tipo de cosas. La sociedad rosacruz se había formado en Inglaterra antes del nacimiento de Bacon, en parte con el propósito de proteger a la reina Isabel I. En el siglo XVI, el conflicto entre el catolicismo romano y la Iglesia protestante de Inglaterra estaba en su apogeo. Isabel Tudor era hija del rey Enrique VIII de su segunda esposa Ana Bolena, con quien Enrique se había casado después de divorciarse de Catalina de Aragón, la madre de la reina Bloody Mary-católica.

Cuando se convirtió en reina, puso a su hermana Isabel I en la cárcel porque se sospechaba que era protestante, por lo que fue enviada a la Torre de Londres. Mientras estaba encarcelada en la torre, Elizabeth formó una amistad con un miembro misterioso de la corte, un matemático y místico llamado Dr. John Dee. Fue conocido en los primeros días isabelinos como el verdadero sabio, el Mago y estaba involucrado en mucho estudio esotérico.

SECRETOS DE AMÉRICA

Mientras estaba encarcelada en la torre, Elizabeth formó una amistad con un miembro misterioso de la corte, un matemático y místico llamado dr. John Dee. En los primeros días isabelinos se le conocía como el verdadero sabio, el Mago, y se dedicaba mucho al estudio esotérico.

John Dee era 30 años mayor que Francis Bacon y John Dee era un matemático que vivía en Londres. Fue doctor y astrólogo de la reina María Tudor. esa era Bloody Mary. Mientras Dee comenzó al servicio de Mary, pronto cayó en desgracia debido a sus extraños experimentos. Dee fue encarcelado bajo sospecha de brujería, una acusación que lo seguiría a lo largo de su vida y que no parece infundada considerando su sistema de magia que todavía es practicado por muchos ocultistas hasta el día de hoy.

Mientras Dee comenzó al servicio de Mary, pronto cayó en desgracia debido a sus extraños experimentos. Dee fue encarcelado bajo sospecha de hechicería, una acusación que lo seguiría a lo largo de su vida y que no parece infundada considerando su sistema de magia que todavía es practicado por muchos ocultistas hasta el día de hoy.

Lo que más destaca hoy en día entre los ocultistas es que él y un médium llamado Edward Kelly hicieron invocaciones mágicas relacionadas con el Libro de Enoch para producir un catálogo completo de lo que hoy se llama el sistema de magia de los espíritus Enokiana y es su lenguaje y alfabeto increíblemente complejos y cubos y cuadrados mágicos. Fue extremadamente complejo y muy poderoso en su búsqueda de conocimiento y aprovechó los poderes del más allá con la esperanza de aprender secretos del reino espiritual.

Pero no todos vieron a Dee comunicándose con ángeles de Dios. Dee escribió una vez que lo consideraban un compañero de Cerberus, un invocador y un mago de condenados espíritus malvados. Sin embargo, como Bacon, practicó gran parte de su oficio en secreto como miembro activo de los **rosacruces** en Inglaterra, algunos incluso le dan crédito a Dee por haber fundado el movimiento de los rosacruces modernos como tal, la comunión con seres angélicos que proporcionan conocimiento científico era una práctica familiar en esa época entre rabinos sefardíes y de las cortes de Europa.

Ciencia y brujería eran una demarcación que por entonces era una línea muy fina. Esta línea fina fue una que Dee cruzó muchas veces, pero durante un tiempo floreció bajo el reinado de la reina Isabel durante esta época, algunos creían que era una especie de maestro de Sir Francis Bacon.

La evidencia histórica que tenemos es a a través del diario de hechos que Bacon hizo una visita al menos al Doctor Dee. La casa de John Dee en Mortlake y cuando se registraron estas visitas, Dee invitaba a los cortesanos a hablar con el y a discutir asuntos esotéricos con él y a usar su biblioteca, etc., para que el lector sepa que esto es un registro histórico. Quizás la razón de la falta de registros y documentación en la relación de Bacon con John Dee es que su trabajo se realizó bajo del velo de sociedades secretas.

SECRETOS DE AMÉRICA

Ciencias que se habían desarrollado abundantemente en otros lugares y que fueron traídas a Europa y eran tan amenazantes para el Vaticano que tuvieron que ser suprimidas, sabemos lo que le pasó a Galileo y sabemos lo que le pasó a un sinfín de personas como Giordano Bruno y tantos otros. en la ciencia; tuvieron que pasar a la clandestinidad, por lo que el proceso de forzar el conocimiento y la sabiduría a la clandestinidad creó mucha codificación en muchas palabras de moda y muchos gestos y términos secretos que aún no se entienden muy bien hasta el día de hoy, por lo que Dee está entre estos grupo.

Mientras que hombres como Galileo fueron perseguidos por representar el conocimiento científico, las sociedades secretas de la era *Isabelina* estaban en peligro, no por el conocimiento que poseían, sino por cómo lo obtenían a través de prácticas ocultas de convocar espíritus y conjurar demonios. Sin embargo, estaban decididos a continuar por la causa de la ciencia y el aprendizaje. Dr. John Dee abrió el camino en este campo. Su método se hizo conocido como magia angelical debido a su contacto con espíritus.

Dee creía que a veces eran buenos y a veces malos en un momento dado, estos ángeles lo obligaron a visitar al emperador del sacro imperio romano germánico Rudolf II y decirle que era malvado y que si no se arrepentía, Dios lo despojaría de su reinado y riquezas. Increíblemente, Dee obedeció a los ángeles y visitó al Emperador y estableció una amistad que ayudaría a protegerlo de la persecución más adelante.

SECRETOS DE AMÉRICA

En sus experimentos, Dee trabajó con un médium llamado Edward Kelly. Kelly era quien a menudo hacía contacto con los espíritus con los que Dee se comunicaba. En una entrada del diario del 8 de junio de 1584, Dee registra un relato sorprendente, afirma que Kelly estaba muy preocupado cuando los ángeles trataron de persuadirlo de que Jesús no era Dios y que no se le debían rezar oraciones. Además, afirmaron que el pecado no existía realmente. Lo que existe es el alma del hombre que simplemente se mueve de un cuerpo a otro en lo que suena a reencarnación.

Al escuchar esto, Kelly aparentemente estaba angustiado y creía que se habían puesto en contacto con espíritus malignos, sin embargo, los ángeles proporcionaron al Dr. Dee con los dones del conocimiento. Dee fue el primero en aplicar la geometría euclidiana a la navegación. construyó los instrumentos y entrenó a los primeros grandes navegantes. Se le atribuye haber acuñado la palabra Britannia o británico y su influencia sentó las bases de lo que se convertiría en el Imperio Británico.

Hizo sus propios mapas y se dice que trazó los pasajes del noreste y noroeste de América y sus intentos de aumentar la riqueza de Inglaterra al obtener acceso al nuevo mundo y, lo creas o no, el nuevo mundo ha sido influenciado secretamente por su ejemplo. John Dee es considerado el mago original; fue la inspiración para el personaje de Próspero y de Shakespeare **The Tempest** y para el **Doctor Faustus** de Christopher Marlowe.

SECRETOS DE AMÉRICA

En el mundo moderno, Dee fue el modelo a seguir para Albus Dumbledore de JK Rowling en los libros de Harry Potter, el personaje de Gandalf de Tolkien, El señor de los anillos e incluso el James Bond de Ian Fleming. Pocas personas saben que John Dee fue el agente original 007 del Servicio Secreto de Su Majestad, y Fleming tuvo la idea de su NOMENCLATURA 007 para James Bond por el hecho de que así era como John Dee firmaba su correspondencia cuando estaba en el extranjero trabajando como espía para la Reina; incluso siempre firmaba con su nombre 007 y ahí es donde entró el concepto de James Bond porque era James Bond originalmente destinado a ser una especie de Dr Dee moderno, aunque nunca se desarrolló realmente de esa manera.

Tanto Bacon como Dee eran hombres de ciencia dedicados al avance del aprendizaje, ambos eran miembros de la Sociedad de los Rosacruces de la cual Bacon se convertiría en el jefe como Bacon. John Dee creía que América era de hecho el continente perdido de la Atlántida. Pero ¿de dónde sacó esta idea? ¿Se la dieron sus ángeles y le pasó este concepto a Francis Bacon?

Solo podemos especular, pero cuando la reina Isabel subió al trono, el sueño de colonizar esta nueva Atlántida se acercaría más a ser una realidad. La fe protestante de la reina la convirtió en enemigos inmediatos en Roma. En abril de 1570 el papa Pío V emitió una bula papal excomulgándola de citar la unidad del cuerpo de Cristo.

Eso significaba que el Papa estaba diciendo a todos los reyes católicos de Europa, vayan e invadan Inglaterra, maten a la Reina, tomen el control del país, hagan lo que sea católico y les daré mi bendición. Por lo que fue una gran amenaza para Inglaterra y la Reina. Así que a los ingleses a los que no les gustó nada eso, formaron una protección conjunta alrededor de la Reina y su país.

Para responder a la amenaza de espías y asesinos de Roma, los ingleses establecieron una red de inteligencia bajo el liderazgo de Sir Francis Walsingham conocido como el maestro de espías de la Reina. Entre sus agentes secretos fueron John Dee y más tarde Sir Francis Bacon junto con su sociedad rosacruz, que se dice que se formó en Inglaterra con el propósito de proteger a Elizabeth, pero algunos sospechan que la orden de la rosa y la cruz tenía otra agenda.

Según Bacon, el rosacrucianismo parecía representar el corazón y el enfoque de todo el concepto de la Nueva Atlántida. El último libro de Francis Bacon que estaba escribiendo en el momento en que supuestamente murió, fue en 1626, pero su último libro se llamaba Nueva Atlántida y el subtítulo era *La tierra de la ROSICRUSAE*. El secreto de la rosa representa el conocimiento oculto-como en el libro de UMBERTO ECCO EL NOMBRE DE LA ROSA- de la antigua religión misteriosa. Mientras que la cruz simboliza el cristianismo; la combinación de estos dos es lo que define la creencia de casi toda la simbología de las órdenes secretas. Está la infusión de toda esta espiritualidad persa oriental en el cristianismo.

SECRETOS DE AMÉRICA

El secreto de la rosa representa el conocimiento oculto de la antigua religión misteriosa. Mientras que la cruz simboliza el cristianismo; la combinación de estos dos es lo que define la creencia de casi toda la simbología de los órdenes secretos. Está la infusión de toda esta espiritualidad persa oriental en el cristianismo.

Bacon tenía el deseo de transformar el mundo a través del conocimiento, pero reconoció que la clave para obtener conocimiento estaba en **la capacidad de las personas para comunicarse**, ya que Bacon trabajó para reformar el idioma inglés de formas nunca antes vistas. Según los espíritus angélicos, si controlas el lenguaje controlas la mentes de los humanos. Por tanto Bacon empezó su propia corte de escribientes para transformar y refinar una nueva lengua en la nueva Atlantis; El Inglés, a través de su nueva invención, Shakespeare- un grupo de escribientes que transformarían el mundo anglosajón de una manera mental y comercial.

Hábilmente escondidos a plena vista están los emblemas de las familias judías nobles. Sus símbolos, conocidos como las rosas, ocultan hábilmente el PENTAGRAMA de cinco puntas de los 'judíos errantes' paganos y la ESTRELLA DE SEIS PUNTAS, conocida como el Sello de Salomón, y utilizada por la noble Casa de Rothschild y la familia real Sajonia-Coburgo Gotha.

CAPÍTULO IV: LA DOBLE VIDA DE BACON

«La verdad es más extraña que la ficción, pero es porque la ficción está obligada a ceñirse a las posibilidades; La verdad no...»
-Mark Twain

La explosión de la literatura inglesa durante la era isabelina incluyó a autores tan notables como Ben Johnson, Christopher Marlowe, Sir Walter Raleigh y Edmund Spenser, por nombrar algunos y la mayoría amigos de Shakespeare, el cual exploraremos en este capítulo y desvelaremos sus conexiones con las sociedades secretas y más específicamente como los rosacruces. **(arriba recreación de Bacon de joven y Bacon de viejo.)**

SECRETOS DE AMÉRICA

Bacon se dedicó a IMPLEMENTAR el conocimiento sagrado del mundo antiguo a las personas de habla inglesa; conocimiento que de otro modo se mantendría oculto debido las barreras del lenguaje. Cuando murió y después de eso, habian reunido al menos 2.000 libros. No libros que él escribió porque obviamente un hombre no podía escribir ese número, pero nos tenía lo que él llamaba un *scriptorium* exactamente que tenía el vaticano a sus monjes en partes de Europa, Asia y Africa. Estos eran escribas a quienes pagó para que le escribieran.

Cuando era el Lord Gran Canciller de Inglaterra tenía riqueza y solía pagar el *scriptorium* a estos escribas y pagaba a la gente para que tradujera los libros clásicos de Homero, la Ilíada, todos los clásicos griegos y romanos antiguos. Podría traducirlos todos al inglés y ponerlos en libros. Bacon tenía toda una corte de escritores, lectores e intelectuales además de una gigantesca imprenta. El propósito de Bacon y el de su sociedad literaria era preparar a la gente del viejo mundo para colonizar la tierra del nuevo. Como sugiere el término esquema de colonización, el lanzamiento del plan de Bacon para América no fue por casualidad sino por diseño.

Bacon formó los inicios de su propia sociedad literaria, un grupo secreto conocido como los Caballeros del Casco-***Knights of the Helmet.*** Los Caballeros del Casco era el nombre de uno de los enmascarádos-Bacon mismo-en un momento clave cuando toda la autoría de Shakespeare apareció en escena.

Los Caballeros del Casco tomaron como inspiración a la diosa griega Palas Atenea que portaba una lanza y llevaba un gran casco, símbolo del secreto. Según la tradición, uno que lleva el casco de Atenea se vuelve invisible y más tarde tuvo que jurarle fidelidad. No solo que Atenea, la diosa Atenea, llevaba una lanza, sino que temblaba ante los ojos de la ignorancia y era una de las diosas más grandes entre los griegos, gobernando a través del intelecto y la sabiduría del hombre.

Así como John Dee se había inspirado en seres angelicales; algunos investigadores creen que un encuentro espiritual con Pallas Athena le dio a Bacon la inspiración para el trabajo de su vida. Shake en inglés significa –batir y speare con –e al final significa lanza como Palla Athena. Batir la lanza y matar la ignorancia, de ahí qye Bacon crease a Shakespeare basado en Pallas Athena. El Shakespeare de Bacon incorporó a estos dioses griegos dentro de un símbolo clave, el lei motif de la doble A que representa a Apolo y Atenea. Por lo general, una de las A está sombreada para indicar un lado claro y oscuro, este símbolo se encuentra impreso en la cabecera de ciertas páginas dentro del folio de Shakespeare y entre las obras reconocidas de Francis Bacon de las dos polaridades Apolo y Atenea. **(dibujo de los folios de Shakepeare arriba)**

SECRETOS DE AMÉRICA

No obstante, uno de los verdaderos William Shakespeare, el hombre de Stratford cuyo nombre ha sido reverenciado durante casi 500 años; sus escritos se han atribuido a varios otros autores, incluido el dramaturgo Christopher Marlowe, Edward de Vere, el decimoséptimo conde de Oxford e incluso la propia reina Isabel. Pero *Sir Francis Bacon* parece liderar el grupo de aspirantes a bardos con más de 200 libros, ensayos y folletos sobre el tema. Muchos de los cuales insisten en que él es el verdadero y verdadero *Shakespeare*, mientras que los eruditos baconianos sostienen que el hombre de Stratford simplemente carecía de la experiencia y la educación para haber escrito las obras que llevan su nombre.

¿No sería demasiado trabajo para el propio Bacon completar el tamaño colosal de todas las obras, poemas y sonetos, especialmente mientras se convertía en un abogado que impulsaba la ciencia moderna y escribía las muchas otras obras que se le atribuyen? Este podría ser el momento donde entran en juego, los Caballeros del casco, que participaron, como la evidencia sugiere, en las obras y obviamente pueden haber sido el esfuerzo activo de esta sociedad literaria de Bacon.

Los Stratfordianos y Baconianos son grupos opuestos que se enfrentan a la autoría de las obras de Shakespeare por el mismo actor, los primeros y los segundos por Bacon. El propio director del Shakespeare Company, Dereck Jacobi, dice que Shakespeare no existió y era un grupo de escritores y hasta Mark Twain tiene varios libros sobre que Shakespeare era Francis Bacon y su corte Isabelina.

El autor del siglo 19 WFC Wixted se refirió a William Shakespeare como el capitán fantasma Shakespeare, la máscara rosacruz, esto puede deberse en parte al retrato de fama mundial que aparece en el anverso del gran folio original de 1623 y que en el cuello es aparente que la imagen es una máscara.

A continuación enumero las posibilidades porque Shakespeare no pudo escribir nada y ni siquiera si fuese un actor e hijo de un hacedor de guantes podría haber escrito ni una sola línea:

Así que comencemos investigando al actor de Stratford.

1) Todos los autógrafos conocidos del actor de Stratford dicen "William Shakspere", no "William Shakespeare".

2) No hay ningún registro de que Shakspere haya tenido una biblioteca. (Se argumenta que incluso una pequeña biblioteca no sería suficiente para un autor que demuestre el tipo de conocimiento literario que abarca las edades como lo hace el trabajo de Shakespeare).

3) No hay mención de ningún libro en su testamento.

4) Sus padres eran analfabetos.

5) Judith, la hija de Shakspere, era analfabeta. (Se argumenta que Shakspere no permitiría que su propia hija llegara a la edad de veintisiete años y se casara sin poder leer una línea de los escritos que hicieron a su padre rico y famoso localmente)

6) ¿De dónde obtuvo William Shakspere su conocimiento del francés, el italiano, el español y el danés modernos? ¿Por no hablar del latín y el griego clásicos? (Ben Jonson, que conocía íntimamente a Shakspere, afirmaba que el actor de Stratford entendía "latín un poquito y menos aun griego")

7) No existe constancia de que William Shakespeare haya jugado un papel protagónico en los famosos dramas que se supone que escribió o en otros producidos por la compañía de la que era miembro.

8) Ninguno de sus herederos participó en la impresión del Primer Folio después de su muerte, ni se benefició económicamente de él.

9) Los manuscritos de Shakespeare y las obras inéditas habrían sido sus posesiones más preciadas, pero su testamento no menciona ninguna producción literaria. (Sin embargo, menciona su segunda mejor cama y su "amplio cuenco plateado dorado")

SECRETOS DE AMÉRICA

Manly Palmer Hall escribe: *"Sólo existen seis ejemplos conocidos de la escritura de Shakspere. Todos son firmas, y tres de ellas están en su testamento. El método incierto y garabateado de su ejecución marca a Shakspere como no familiarizado con el uso de una pluma, y es obvio que copió una firma preparada para él o que su mano fue guiada mientras escribía. No se han descubierto manuscritos autógrafos de las obras o sonetos "shakesperianos".*

Manly Hall afirma que es bastante evidente que William Shakespeare no podría haber producido los escritos sin ayuda. Por un lado, no poseía los conocimientos literarios necesarios. Afirma que la ciudad de Stratford no tenía una escuela capaz de transmitir las "formas superiores de aprendizaje" que se reflejan en los escritos que se le atribuyen. Sus padres eran analfabetos, en sus primeros años de vida tuvo un desprecio total por el estudio y nunca viajó fuera de Inglaterra.

Para comprender por qué se menciona a Sir Francis Bacon como la fuente de la obra de Shakespeare, uno debe comprender el orden de la Rosa Cruz o de los Rosacruces. Según el material que he leído, la mayoría de las pruebas parecen apuntar a indicios dentro del trabajo mismo. Indicios sobre los que solo un iniciado de los Rosacruces tendría conocimiento, como el simbolismo criptográfico, la numerología, las marcas de agua ocultas y las paginaciones erróneas recurrentes a través de los folios de Shakespeare. Evidentemente, también se supone que hay indicios en otros volúmenes del siglo XVII que enfatizan estas afirmaciones.

SECRETOS DE AMÉRICA

Manly Hall escribe: "Los ideales filosóficos promulgados a lo largo de las obras de Shakespeare demuestran claramente que su autor está completamente familiarizado con ciertas doctrinas y principios peculiares del rosacrucianismo; de hecho, la profundidad de las producciones de Shakespeare marca a su creador como uno de los iluminados de todos los tiempos. .."

Aparentemente, se han escrito decenas de volúmenes solo para establecer que Sir Francis Bacon es el verdadero autor de la obra de William Shakespeare. Hall afirma que una consideración imparcial de estos documentos no puede dejar de convencer a cualquiera que tenga una mente abierta sobre la autenticidad de la "teoría baconiana". Dice que todos aquellos entusiastas que durante años lucharon por identificar a Sir Francis Bacon como el verdadero "Bardo de Avon" podrían haber ganado su caso solo si hubieran enfatizado su ángulo más importante, a saber, que Sir Francis Bacon, el iniciado rosacruz, escribió en el Shakespeariano juega tanto las enseñanzas secretas de la Fraternidad de la Rosa Cruz como los "verdaderos rituales de la Orden Masónica". Manly Hall escribe: *"Sin embargo, a un mundo sentimental no le gusta renunciar a un héroe tradicional, ya sea para resolver una controversia o para corregir un error"*.

SECRETOS DE AMÉRICA

Veamos ahora por qué Sir Francis Bacon puede ser el verdadero autor:

1) El contenido de los dramas de Shakespeare son puntos de vista políticamente reconocidos de Sir Francis Bacon (sus "enemigos" son caricaturizados con frecuencia en las obras).

2) Los mensajes religiosos, filosóficos y educativos reflejan sus opiniones personales.

3) Existen similitudes en estilo y terminología entre los escritos de Bacon y las obras de Shakespeare.

4) Ciertas inexactitudes históricas y filosóficas son comunes a ambos (como citas erróneas idénticas de Aristóteles).

5) Sir Francis Bacon poseía la gama de conocimientos generales y filosóficos necesarios para escribir las obras de Shakespeare.

6) Sir Francis Bacon fue lingüista y compositor. (Necesario para escribir los sonetos).

7) Era un abogado, un abogado capaz y un cortesano refinado y poseía el conocimiento íntimo del derecho parlamentario y la etiqueta de la corte real revelada en las obras de Shakespeare.

8) Además, Bacon visitó muchos de los países extranjeros que forman el telón de fondo de las obras- España, Dinamarca, Francia, Italia etc (necesario para crear la auténtica atmósfera local. No hay constancia de que William Shakspere haya viajado alguna vez fuera de Inglaterra).

En resumen, Las obras de Shakespeare ayudaron a lograr exactamente lo que Bacon y sus caballeros del casco se propusieron lograr, mientras que los números varían, se dice que las obras de teatro desarrollaron unas 20,000 palabras para el idioma inglés. Se crearon algunas palabras. siendo utilizado de nuevas formas.

La Orden Masónica controvertida de Bacon Shakespeare trata de los aspectos más profundos de la ciencia, la religión y la ética, y quien resuelva su misterio puede encontrar en ella la clave de la sabiduría supuestamente perdida de la antigüedad, la sabiduría perdida a la que se refería Manly P Hall que dice que comenzó en la antigua Atlántida.

La verdadera clave para entender a Shakespeare, increíblemente se puede decir que las obras en sí representan toda la confusión de los cimientos de Estados Unidos durante un tiempo. Shakespeare contiene una clara representación del cristianismo con unas 1.200 referencias bíblicas junto a ellas hay obras de teatro con temas abiertamente paganos y mágicos como el símbolo de la Rosa y la cruz. Las obras combinan las enseñanzas del cristianismo con la sabiduría de la religión misteriosa.

CAPÍTULO V: DE VUELTA A EGIPTO

PODER PIRÁMIDAL

Se sabe desde hace miles de años que sentarse debajo o en la cima de una pirámide ejerce algún tipo de fuerza extraña y elusiva, conocida como **EFECTO PIRÁMIDE.** Sabemos que las puntas en forma de pirámide de los obeliscos egipcios estaban revestidas con electrum plateado y que se pueden ver ranuras para un cable conductor o trenza de metal en las esquinas y bordes de muchos de los antiguos obeliscos de Egipto.

SECRETOS DE AMÉRICA

UN PIRAMIDIÓN es UNA piedra angular DE UNA ANTIGUA PIRÁMIDE EGIPCIA HECHA DE GRANITO ROJO. EL GRANITO FUE OBTENIDO DE SAQARRA, EGIPTO. LA TALLA MUESTRA DOS SACERDOTES O FARAONES DENTRO DE UNA CAJA DE GRANITO SÓLIDO.

EL **GRANITO ROJO** SE HA DESGASTADO Y LA BASE YA NO ES NIVEL. LA IMAGEN TALLADA PUEDE SER DE REALIDAD UNA ADICIÓN POSTERIOR A LA PIEDRA MAYOR. HAY POCO SI ALGUNA PRUEBA QUE DEMUESTRE QUE LAS TRES PRINCIPALES PIRÁMIDES DE GIZA FUERON CONSTRUIDAS EN LAS FECHAS EXACTAS CITADAS POR EGIPTÓLOGOS TRADICIONALES. ES PROBABLE QUE ESTE PIRAMIDION, Y MUCHOS OTROS ARTEFACTOS COMO ÉL, FUERON RE-TALLADOS Y ESCULTADOS POR LOS FARAONES.

SE DICE QUE LAS **PIEDRAS FINALES** DE LOS OBELISCOS HAN SIDO REVESTIDAS EN BAÑO DE ORO ELÉCTRICO. LAS PIRÁMIDES DE LOS OBELISCOS FUERON CUBIERTAS CON CUBIERTA DE PLACAS ELÉCTRICAS, Y EXISTE UNA AMPLIA PRUEBA QUE SUGIERE QUE LA ENERGÍA ELÉCTRICA FUE RECOGIDA DE LA ATMÓSFERA POR LOS FARAÓNES UTILIZANDO OBELISCOS ALTOS. LA CARGA ELÉCTRICA RECOLECTADA ENTONCES FUE ALMACENADA EN EL **"ARCA DEL PACTO"**- ARCA DE LA ALIANZA, QUE CONTIENE UNA SERIE DE Frascos de Leiden.

SECRETOS DE AMÉRICA

También sabemos que Sir W. Siemens, el inventor británico, escribió en su diario que mientras estaba de pie en la cima de la pirámide de Keops, su guía turístico árabe le llamó la atención el hecho de que cada vez que levantaba la mano con los dedos extendidos se escuchaba un sonido agudo. Sir Siemens levantó solo el dedo índice y sintió un punzante dolor. Cuando trató de beber de una botella de vino que había traído, notó una ligera descarga eléctrica estática.

Entonces, Sir Siemens humedeció un periódico y lo envolvió alrededor de la botella para convertirlo en una versión burda de un frasco de Leiden. Una y otra vez, se cargaba cada vez más de electricidad simplemente al sostenerlo sobre su cabeza. El efecto pirámide se podría recoger, como un peine recoge electricidad estática. Cuando empezaron a salir chispas de la botella de vino, los guías árabes de Siemens se volvieron desconfiados y lo acusaron de practicar brujería ... En cierto modo, no estaban equivocados.

Pero aquí, ahora mismo, no solo estoy investigando lo aparente y las cualidades eléctricas muy obvias del antiguo Egipto y su arquitectura - explico una fuerza muy diferente que se desató dentro de la Gran Pirámide en 1904 - y cuyos efectos, creo, han causado miseria, asesinatos, torturas y sufrimiento. [foto abajo] un antiguo mural etíope que representa una caja conocida como el ARCA DEL PACTO y dos Menorás hebreos. Los sacerdotes levitas tenían que usar brazaletes de puesta a tierra para protegerse de descargas eléctricas antes de acercarse al Arca de la Alianza.

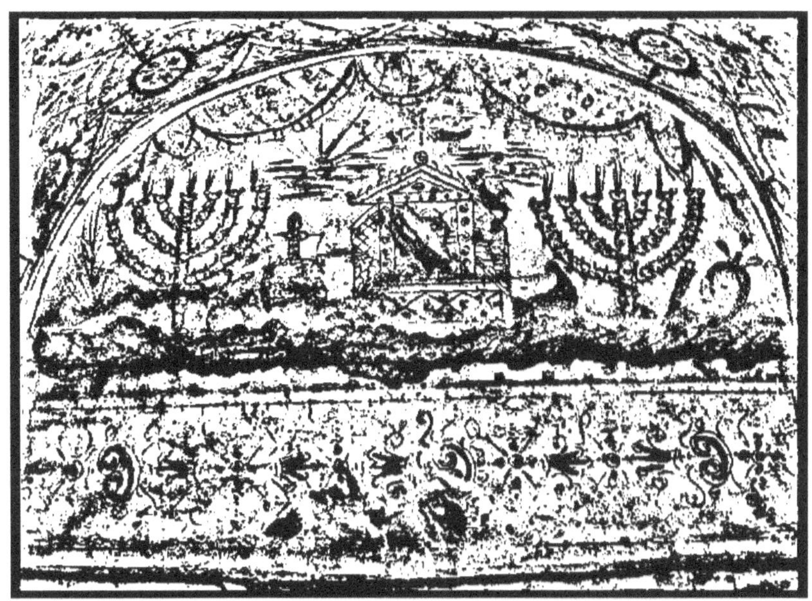

El Arca se almacenó en una cámara secreta en Axum en Egipto - y el conocimiento de la electricidad se censuró y mantuvo en secreto por una red internacional de Hermandades - este conocimiento sería revelado en 1740 años más tarde por el Satanista y Asesino en Serie, Sr. BENJAMIN FRANKLIN.

Imagina a la Reina de Inglaterra invitándote personalmente a ver sus cuentas bancarias y su cartera de inversiones y mostrándote, hasta el último centavo, del dinero que tiene. Esta situación hipotética nunca sucedería porque hay leyes que prohíben el debate público sobre cuán ricos son el rey o la reina de Inglaterra. El secreto es una herramienta que se utiliza para mantener a la población pobre y a las familias ricas lo más ricas posible, sin la amenaza de que su riqueza sea robada por el recaudador de impuestos.

SECRETOS DE AMÉRICA

Imagina al jefe del Área 51 mostrándote todos los materiales y tecnologías avanzados que se están desarrollando para la próxima generación de transbordadores espaciales sigilosos.

Guardar secretos es lo que mejor hacen los súper ricos, especialmente aquellos secretos que generan respeto, riqueza y promueven el asombro entre los campesinos. Las técnicas de construcción utilizadas para construir no solo las pirámides, sino también los enormes templos, capillas, criptas subterráneas y otros monumentos en Egipto se han mantenido en secreto. En los tiempos modernos, Ed Leediskin [el arquitecto de CORAL CASTLE] mantuvo en secreto sus técnicas para mover pesados bloques de roca de coral. Estos secretos, aparentemente, no se transmitieron de padres a hijos.

Las pirámides construidas después de la Gran Pirámide no son más que tristes montículos de ladrillos de barro. De alguna manera, los métodos arquitectónicos y de construcción se "perdieron" con el tiempo. Y junto con los diseños arquitectónicos, el conocimiento de cómo crear electricidad, recogiéndola del aire, no volvió a emerger al dominio público hasta los experimentos revolucionarios de BENJAMIN FRANKLIN.

Pero espera un momento. El rey Sneferu (4a dinastía) gobernó el antiguo Egipto durante 30 años, y durante su reinado, Sneferu construyó tres pirámides; dos de ellas fueron un completo fracaso arquitectónico. Los historiadores dicen que finalmente lo hizo bien cuando se construyó su tercera pirámide.

SECRETOS DE AMÉRICA

El rey Sneferu es el padre del rey Keops; constructor de la Gran Pirámide, pero las mejoras y diferencias en la construcción de la pirámide entre el primer prototipo y la magnífica Gran Pirámide son tan vastas que es casi como si mil años de conocimientos de ingeniería hubieran pasado entre el padre y su hijo, no solo un puñado de décadas.

La construcción de pirámides pasó de ladrillos de adobe apilados uno encima del otro, a grandes proyectos de tamaño montañoso hechos por el hombre, con alrededor de cinco o seis millones de enormes bloques de piedra extraídos y transportados cientos de millas por miles de trabajadores. En consecuencia, hay muchos que sienten que las teorías de los egiptólogos "convencionales" sobre cómo y cuándo se construyeron las pirámides son erróneas. Voy mucho más allá, digo aquí y ahora que las técnicas de construcción milagrosa se han descrito deliberadamente de manera errónea y el propósito de las pirámides, que es la creación del **EFECTO Y EL PODER DE LA PIRÁMIDE**, se mantuvo en secreto por una desagradable Hermandad internacional.

En casi todos los aspectos, ahora estoy afirmando que la datación de la construcción de las pirámides también es deliberadamente engañosa. Sin herramientas eléctricas y solares avanzadas, habría sido imposible para los antiguos egipcios haber construido las pirámides ellos mismos. Incluso se cree que no tenían la rueda. El autor, David Pratt, resume el problema de la datación de los monumentos de piedra basándose en muestras y artefactos de carbono / orgánicos:

SECRETOS DE AMÉRICA

"La datación por radiocarbono está sujeta a varias posibles fuentes de error. En particular, la concentración de radiocarbono en la atmósfera no es constante, y las muestras pueden estar contaminadas con carbono viejo o joven de su entorno. Hay numerosos casos en los que la datación por radiocarbono ha arrojado resultados falsos Por ejemplo, hay caracoles vivos en manantiales artesianos en el sur de Nevada que tienen un contenido de radiocarbono tan bajo en sus conchas que teóricamente han estado muertos durante 27.000 años. Un hueso de los lechos de Olduvai Gorge en Tanzania, que, sobre la base de otras fechas de radiocarbono y consideraciones geológicas, se cree que tienen más de 29.000 años, arrojaron una edad de radiocarbono de sólo 3.340 años. Tectitas (fragmentos de roca similares al vidrio) que se pensaba que tenían 700.000 años de antigüedad sobre la base de la datación de potasio-argón y estudios estratigráficos, se encontró que tenían sólo 4.830 a 5.700 años según la datación por radiocarbono del carbón vegetal acompañante."

Es probable que los faraones remodelaron y tallaron elogios sobre sí mismos en muchos artefactos y edificios de piedra antiguos que existieron probablemente al menos 1,000 años antes de que los faraones vivieran.

"Incluso si se supone que las fechas de radiocarbono de las 15 muestras de la Gran Pirámide que se analizaron son razonablemente precisas, todavía no hay certeza de que nos digan su edad. Todas ellas provienen del exterior de la Pirámide, de entre los bloques de mampostería central o entre la mampostería del núcleo y las piedras de revestimiento anteriores, y por lo tanto pueden datar de trabajos de reparación posteriores. Las fechas de radiocarbono de 2085 a. C. y 2746 a. C. para el Templo de la Esfinge ciertamente no indican la fecha de su construcción, ya que el enorme Los bloques de piedra caliza a partir de los cuales se construyó se obtuvieron durante la talla de la Esfinge, y los patrones de intemperismo de la Esfinge demuestran sin lugar a dudas - para la mayoría de los geólogos, si no para los egiptólogos convencionales - que debe tener al menos 7-9000 años ". **- Blog de David Pratt**

SECRETOS DE AMÉRICA

Imagínate que se le encarga la construcción de una verdadera pirámide, cuya base cuadrada cubrirá 13 acres. Quizás su tarea más abrumadora sea asegurarse de que después de décadas de construcción, los cuatro lados de la pirámide se unan precisamente en un punto a casi cincuenta pisos del suelo. Imagine además que, como constructor, no tiene niveles láser, transportador de ángulos u otros dispositivos de medición sofisticados a su disposición para ayudar en el proceso de construcción. Los egiptólogos ortodoxos dicen que hay más de seis millones de toneladas de piedra dentro de la superestructura de la Gran Pirámide.

Estos mismos 'expertos' afirman que se construyó en solo 20 años. Para completar la Pirámide en solo 20 años se requeriría colocar un bloque de piedra cada dos minutos, lo que en vista de la precisión involucrada es completamente absurdo. Por lo tanto, para que la lógica prevalezca, debemos asumir que el vasto espacio interior de la Gran Pirámide está lleno de cámaras ocultas, y de eso se trata los siguientes capítulos, se trata de la existencia oculta y muy obvia de múltiples cámaras, algunos de los cuales he estado explorando usando micro-helicópteros o drones.

SECRETOS DE AMÉRICA

En 1752, Benjamin Franklin voló una cometa durante una tormenta y recogió una carga eléctrica en un frasco de Leyden, que Franklin extrajo de un rayo. Benjamin Franklin fue un pionero de la impresión, publicó su propia revista Almanaque y comenzó a realizar experimentos eléctricos a mediados de la década de 1740, en un momento en que aún se desconocía mucho sobre el tema. Franklin acuñó una serie de términos que se utilizan hoy en día, incluidos batería, conductor y electricista.

Pero lo que los libros de historia de nuestras escuelas omiten deliberadamente en mencionar es que Benjamin Franklin era un **ASESINO EN SERIE** y miembro de un Aquelarre de Brujas Satánico; también era muy probablemente miembro de los Illuminati franco-bávaros, que usaban la Gran Pirámide de Giza como su emblema. En estos capítulos siguientes presento evidencia sólida de que el conocimiento del cómo recoger electricidad de la atmósfera era bien conocido en la antigüedad remota, pero una serie de Hermandades Satánicas mantuvieron deliberadamente en secreto el conocimiento de la electricidad, y por lo tanto detuvieron el desarrollo científico de la humanidad durante miles de años.

Estas Hermandades Satánicas fueron dirigidas por muchos hombres poderosos y prominentes que sacrificaron mujeres y niños, y bebieron la sangre de las víctimas, en un intento de absorber y "robar" la *FUERZA VITAL* bioeléctrica de sus víctimas. Los líderes prominentes de esta red satánica en los últimos siglos incluyen a Jacob Frank, Adam Weishaupt, Sir Francis Dashwood, Benjamin Franklin y Aleister Crowley.

SECRETOS DE AMÉRICA

La **arqueoastronomía** es el método de proponer alineaciones astronómicas con monumentos antiguos. Con 88 constelaciones importantes, miles de grandes estrellas visibles y la riqueza de pirámides y monumentos en Egipto, no es sorprendente que se haya escrito una gran cantidad de libros sobre cómo la necrópolis de Giza está alineada con los cielos. Sin embargo, las coordenadas de las estrellas vistas desde la Tierra cambian gradualmente a lo largo del tiempo. Esto se debe a la precesión de los equinoccios, que es un ciclo que dura una media de 25.920 años. David Pratt resume bien la situación explicando en su weblog:

"El eje de la Tierra recorre lentamente un círculo aproximado alrededor de los polos de la eclíptica (los lugares del cielo a los que apuntarían los extremos del eje si estuviera perfectamente vertical en lugar de estar inclinado). Si la precesión fuera el único factor involucrado, las estrellas parecen volver exactamente a la misma posición cada 25.920 años. Pero hay dos factores más a tener en cuenta. En primer lugar, todas las estrellas, incluido nuestro propio sol (junto con su familia de planetas), están experimentando su propio "movimiento propio" a través de espacio. En segundo lugar, la inclinación del eje de la Tierra varía ..."

"En la actualidad, la inclinación es de 23,5 grados, y los científicos han establecido mediante la observación que está disminuyendo constantemente alrededor de una centésima de grado (47 segundos de arco) por siglo. Ellos teorizan que la inclinación oscila entre aproximadamente 21,5 y 24,5 grados sobre un período de unos 41.000 años. Según la teosofía, por otro lado, el eje se invierte gradualmente a través de 360 grados completos, a una tasa promedio de 4 grados cada ciclo precesional (55 segundos de arco por siglo), y por lo tanto no traza un círculo sino una espiral alrededor de los polos de la eclíptica. Además, de vez en cuando ocurren perturbaciones axiales repentinas, lo que resulta en grandes cataclismos.

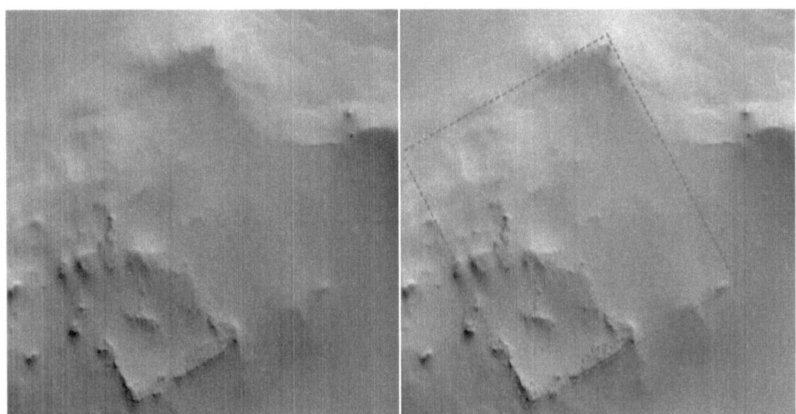

LAS PIRÁMIDES NO SÓLO EXISTEN EN TODOS LOS CONTINENTES DEL PLANETA TIERRA, PERO HAY IMÁGENES DE FUERA DEL PLANETA DE ESTRUCTURAS QUE MUCHAS HAN DICHO QUE SON PIRAMIDES ...

...EN LA LUNA Y EN MARTE SE HAN ENCONTRADO VARIAS ESTRUCTURAS DE FORMA CUADRADA, QUE PARECEN LAS RUINAS ENCONTRADAS EN IMÁGENES SATELITALES BAJO LAS ARENAS DE GIZA. ESTAS RUINAS CUADRADAS SE PARECEN A LOS MUROS DE CONTENCIÓN BAJOS ACTUALMENTE SUMERGIDOS EN ARENA ADYACENTES A LA GRAN PIRÁMIDE DE GIZA. LA FOTO [ARRIBA DERECHA] PODRÍA TOMARSE FÁCILMENTE DE GIZA, ¡PERO EN REALIDAD ES UNA IMAGEN DE LA SUPERFICIE DE MARTE!

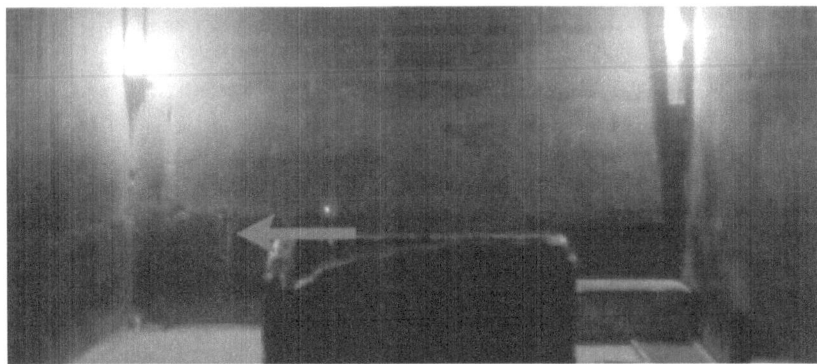

Una foto antigua de la CÁMARA DE LOS REYES - una de las pocas fotos que muestra claramente la SEGUNDA ENTRADA a la CÁMARA DE LOS REYES. Se dice que es un UNA ESQUINA MUERTA: el pasadizo en el bloque de la línea de base detrás del sarcófago, a la izquierda, merece una investigación más detallada.

SECRETOS DE AMÉRICA

Los científicos descartarían esto como imposible porque no conocen ninguna fuerza que pudiera producir tal efecto. Por otra parte, no pueden explicar qué hace que la tierra gire sobre su eje, pero sigue girando solo lo mismo."

Según una teoría anterior, la Gran Pirámide podría haberse construido alrededor del 3400 a. C. o 2170 a. C. porque en estas épocas el pasaje descendente se habría alineado con la entonces estrella polar, Thuban (Alpha Draconis), en su culminación inferior. Robert Bauval ha desarrollado una teoría alternativa más elaborada. Muestra que las posiciones relativas de las tres pirámides principales de Giza coinciden con las de las tres estrellas del Cinturón de Orión, y que la coincidencia habría sido más precisa alrededor del 10.500 a. C., cuando Orión alcanzó por última vez su punto más bajo en el cielo como parte de su periódico. ascenso y descenso resultante de la precesión.

Robert sostiene que las piramides de Giza fue trazado y la Esfinge tallada durante la Era de Leo. Pero sostiene que la Gran Pirámide no se construyó hasta alrededor del 2500 a. C., unos 100 años después de las fechas aceptadas para Keops, porque en ese momento los ejes norte de las Cámaras del Rey y la Reina apuntaban a Thuban (en la constelación de Draco) y Kochab (en Ursa Minor) respectivamente, mientras que los ejes del sur apuntaban a Alnitak (en el cinturón de Orión) y Sirius (en Canis Major). En la mitología egipcia, Orión y Sirio representan a Osiris e Isis respectivamente.

Otra foto de época, que muestra nuevamente los espacios entre los bloques del primer y segundo curso que se han vuelto a llenar. No hay duda de que existe un pasadizo de unos 1 METRO de largo en este rincón de la Cámara de los Reyes; el verdadero misterio es por qué los egiptólogos no escanean el vacío detrás y lo exploran con RADAR.

La Esfinge fue tallada en un afloramiento de lecho de roca que sobresale de la meseta de Giza. La Gran Pirámide en sí está básicamente anclada a otro afloramiento de piedra. Es muy obvio a partir de los estudios de radar de penetración terrestre, que tanto la Gran Pirámide como la Esfinge se encuentran en la parte superior de una compleja serie de pozos y túneles.

SECRETOS DE AMÉRICA

Ok, entiendo que hubo avances en el diseño arquitectónico, pero cortar y mover un bloque de granito o arenisca que pesa SESENTA toneladas es lo mismo sin importar en qué período decidas comenzar la construcción. La última y más robusta teoría gira en torno a que la GRAN GALERÍA es en realidad la parte principal de la pirámide, era una rampa, alrededor de la cual se arrastraban todos los bloques.

Pero los escalas temporales y tiempo de construcción todavía parecen estar muy lejos. Claramente, el *Serapeum*, que es una colección de sarcófagos gigantes para el mitológico Apis el toro, tiene inscripciones que afirman que los sarcófagos fueron construidos para conmemorar a un faraón contemporáneo, pero la calidad de la talla de la inscripción parece muy sospechosa. Es obvio que no podemos confiar en cartuchos, pintados o tallados, hasta la fecha de los edificios de Egipto. Los sarcófagos gigantes fueron ciertamente construidos y creados por una cultura que precede a LOS FARAONES.

Y, por lo tanto, es probable que los constructores del megalítico Osireion, el Templo de la Esfinge y el Serapeum sean responsables de las construcciones de pirámides avanzadas. Lo que vemos hoy en la meseta de Giza es una mera sombra de la antigua variedad de templos mágicos megalíticos, grecorromanos, macedonios y egipcios, logias, capillas y monumentos a los dioses.

Sí, hay mastabas con ejes verticales y cámaras que ciertamente eran tumbas, y sí, se han encontrado algunos miembros de la realeza momificados verticalmente en la meseta de Giza, pero en su mayor parte, las pirámides eran templos de iniciación y no se usaban únicamente para enterrar el familias de élite real.

Fuera de las pirámides principales de Giza tenemos una selección de tumbas, y algunas cuentan con puertas falsas que son utilizadas como "*objetivos*" por el alma de la persona muerta que fue colocada en la tumba. Ninguna puerta falsa, ni los murales elaborados y altamente detallados que vemos en el Valle de los Reyes están presentes dentro de ninguna de las pirámides conocidas de Giza. Las puertas falsas solo existen en las Mastabas cercanas.

Se han detectado nuevas pirámides mediante análisis aéreo y fotografía infrarroja. Mi premisa es que estas pirámides recién descubiertas también tendrán paredes desnudas en el interior. Si bien algunos de los reyes y reinas pueden haber solicitado su entierro dentro de estas pirámides, no creo que esta fuera su función principal.

¿Y cuándo se construyeron las pirámides de Giza? Los cálculos de estrellas se han convertido ahora en la principal forma "auténtica" de datar un templo o una pirámide. Sin embargo, los arqueólogos oficiales que tienen acceso a los principales medios de comunicación se equivocan. Y los egiptólogos marginales han demostrado que no tienen experiencia de primera mano en astronomía.

SECRETOS DE AMÉRICA

Si se eligen las estrellas incorrectas para que sean aquellas con las que supuestamente debe alinearse un monumento antiguo, entonces la datación astroarqueológica será incorrecta. Quizás el signo revelador más obvio de que la Gran Pirámide es un templo diseñado para la MAGIA es el hecho de que está alineado con los cuatro puntos cardinales; estos se abordan con gran reverencia al comienzo de todas las ceremonias en las que se invocarán entidades espirituales ...

De hecho, NO HAY OTRA RAZÓN LÓGICA por la que se invirtió tanto tiempo y esfuerzo asegurándose de que la Gran Pirámide estuviera alineada con el Norte Verdadero. Esto nos lleva a asumir lógicamente que la alineación del Punto Cardinal era mucho más importante que orientar los ejes de las estrellas. a cualquier estrella en particular; de hecho, realmente no hay evidencia sólida que sugiera que los llamados 'ejes estelares' fueran para la luz de las estrellas; de hecho, dos conjuntos de ejes se bloquearon para ver el cielo nocturno y hay torceduras, rampas y minicámaras cerradas en el camino de estos ejes, así que creo que también podemos descartar la teoría del 'eje estelar' por completo.

¿Pero cómo se lograron los PUNTOS CARDINALES en el arco planificación de la Gran Pirámide? Recientemente, en 2001, una egiptóloga británica informó que probablemente había resuelto el enigma de cómo los antiguos egipcios alinearon las pirámides de Giza con el norte verdadero y aproximadamente cuándo lo hicieron. Pero dos especialistas en técnicas de observación e historia de la astronomía dicen ahora que se equivocó.

EL TECHO LA GRAN GALLERÍA. Claramente, la parte superior del techo ha sido panelada. Los nichos escalonados probablemente terminan en un pináculo, similar a los 'nichos escalonados' que se encuentran en otros lugares de Giza, la Gran Galería posiblemente tenga algunas cámaras secretas más ... Los cierres de hierro parecen ser parte de trabajos de renovación que datan antes de la década de 1960 - Los registros de la adición de estos cierres de pared de hierro parecen haberse perdido ahora después de las revoluciones de 2011 y 2013 en Egipto. No está claro si estos cierres son contemporáneos.

Expusieron un importante error matemático en los cálculos publicados por el egiptólogo. Ella ha admitido el error, pero sostiene que esto no invalida el método que propuso para explicar cómo se alinearon las pirámides. En su informe original en la revista Nature, la egiptóloga, la Dra. Kate Spence de la Universidad de Cambridge, dijo que los constructores de pirámides podrían haber usado dos estrellas, Kochab en Little Dipper y Mizar en Big Dipper, para encontrar el Polo Norte. Entonces, si se utilizó este método de alineación, la Dra. Spence estimó que la construcción de las pirámides de Giza probablemente comenzó entre 2485 a. C. y 2375 a.C. Las estimaciones tradicionales basadas en cronologías derivadas del reinado de los faraones generalmente fechan la construcción de las tres enormes pirámides aproximadamente en el 2500 a.C.

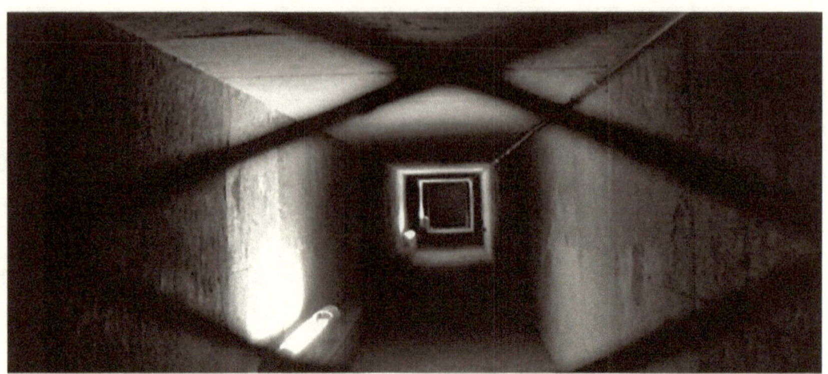

EL PASADIZO a la CÁMARA DE LA REINA. Esta cámara ha estado cerrada al público la mayoría de las veces, desde las expediciones de robots Gattenbrink. Mientras que el público se deja maravillar por la Cámara de los Reyes, la Cámara de la Reina ha sido bloqueada por el régimen anterior de Zahi Hawass. Ahora que tenemos un nuevo régimen y un nuevo conjunto de cerebros a cargo del Departamento de Antigüedades, podemos esperar que la Cámara de la Reina se abra nuevamente.

Sin embargo, la simple LEY DE LA FÍSICA y el SENTIDO COMÚN nos dice que la Gran Pirámide, se encontraba mucho antes de la fecha de construcción dicha, y que la carcasa exterior de piedra caliza con su [ahora perdido] más de un millón de jeroglíficos tallados, más el graffiti pintado en las cámaras superiores sobre la Cámara de los Reyes, son todas las ediciones posteriores de esta montaña monolítica hecha por el hombre.

Los historiadores nunca han estado seguros de la fiabilidad de las fechas en la civilización egipcia temprana. Y los estudiosos, intrigados durante mucho tiempo por la precisión de la alineación de las pirámides, lo que los llevó a sospechar que los egipcios debían tener una mejor comprensión de la astronomía de lo que se indica en los textos antiguos.

SECRETOS DE AMÉRICA

Al verificar los cálculos de Spence, Dennis Rawlins y Keith Pickering reconocieron casi de inmediato un error al usar las observaciones de las dos estrellas para establecer el norte verdadero en Giza. El Sr. Rawlins es editor de DIO, **The International Journal of Scientific of History**, publicada en Baltimore. El Sr. Pickering es un científico informático del **Analysts International Corporation** en Minneapolis.

En la edición del 16 de agosto de Nature, el Sr. Rawlins y el Sr. Pickering dijeron que una corrección del error *"apunta con más fuerza a un par diferente de estrellas,"* Thuban y Draconis", como los objetos para las mediciones de alineación. En ese caso, argumentaron, la fecha en la que el polo habría sido equidistante de cada una de las estrellas, haciendo posible orientar las pirámides hacia el norte verdadero, habría sido considerablemente anterior: 2627 a.C. El Sr. Rawlins y el Sr. Pickering también cuestionaron si los egipcios eran capaces de hacer las observaciones requeridas en cuestión de unos segundos.

"El método de Spence, aunque posible, requeriría rapidez ágil", escribieron. Pero los autores aplaudieron la *"creatividad del Dr. Spence al señalar las posibilidades de orientar las pirámides al observar las estrellas del norte más arriba en el cielo y cerca del meridiano"*.

En su respuesta, la Dra. Spence dijo que el argumento a favor de un conjunto diferente de estrellas era *"poco convincente"* y que la fecha anterior propuesta para la construcción de la pirámide "no puede adaptarse a los datos arqueológicos".

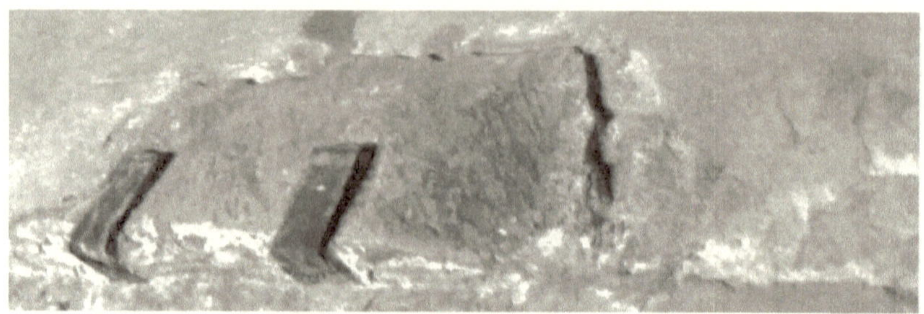

Solo dos de las muchas docenas de cierres de hierro situados en las paredes de la Gran Galería, algunos obviamente sujetan paneles de pared fragmentados juntos y otros sostienen 'tapones' de yeso o piedra, pero otros parecen estar misteriosamente incrustados sin razón aparente: Los constructores egipcios conocían el hierro [por los meteoritos], ¿podría ser que algunos de estos cierres datan de la época de la construcción? ¿O son todos elementos de restauración contemporáneos? Los dos que se ven aquí parecen sostener un "tapón" de piedra, ¿qué hay detrás?

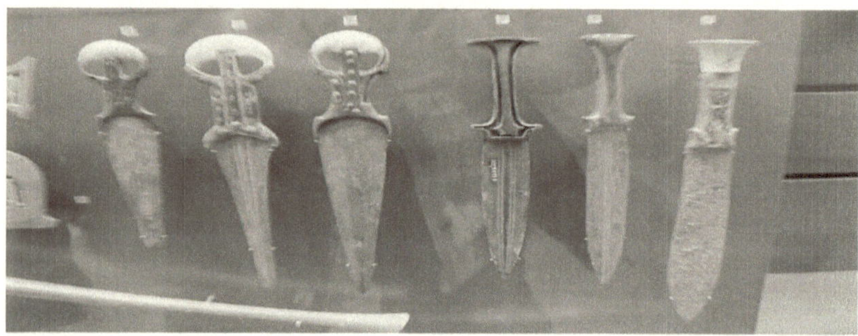

Estas son dagas rituales "ATHAME" fotografiadas por mi en el MUSEO LUXOR, Egipto. Son de oro macizo y no se utilizan para otros fines que no sean MÁGICOS. Todos y cada uno de los faraones y reinas habrían tenido al menos un Athame: se señalarían hacia los puntos cardinales norte, este, sur y oeste y se usarían para convocar espíritus.

Además, escribió, el error *"no invalida mi método"*, porque los cálculos revisados, dijo, todavía arrojan los mismos resultados. Esencialmente, ahora avanzaremos y veremos que la alineación de la Gran Pirámide es para que pueda facilitar las ceremonias mágicas ...

SILBURY HILL es el montículo de tierra más grande, hecho por el hombre en Europa: mide 5 acres en la base. Silbury Hill y la Gran Pirámide son monumentos más que probables de la PRIMERA VEZ que emergió la tierra seca después del Gran Diluvio. Conmemoran los Mitos de la Creación que se encuentran en los Textos de las Pirámides y las leyendas posteriores al Diluvio que se encuentran en Asiria y Sumeria. Montículos gigantes hechos por el hombre, que eventualmente se convirtieron en zigurats y luego en pirámides de adobe.

SECRETOS DE AMÉRICA

Aquí se puede ver una poderosa "fuerza vital" que fluye, relacionada con la SERPIENTE. Obviamente, los esclavos con los brazos atados a la espalda están siendo decapitados y la fuerza vital está siendo absorbida o distribuida de alguna manera. Al contrario de lo que dicen los libros de texto, Egipto era, y sigue siendo, una tierra de sacrificios de sangre. La energía bioeléctrica está contenida en la sangre humana, y los satanistas han bebido sangre en los rituales durante muchos miles de años.

La pirámide escalonada fotografiada por COLIN RIVAS © 2013. Un desvencijado conjunto de andamios está cuidadosamente colocado para disuadir a los turistas de curiosidad - este sitio está lleno de fascinantes cámaras y templos - y sin embargo los guías oficiales no informan a los turistas sobre el rico complejo de túneles y cámaras bajo tierra.

CAPÍTULO VI: EL ARQUITECTO DEL UNIVERSO

«Haz lo que quieras.»

- Alister Crowley

Aleister Crowley fue un agente del mi6, astrólogo y consejero de personas muy poderosas de la élite, cobarde bravucón, racista arrogante, misógino con inclinaciones fascistas, y un drogadicto insensible, tan a menudo amenazado por su sexualidad como afirmaba ser liberado por ella. Pero también fue un poeta innovador y un visionario iconoclasta cuyos legados literarios y culturales se extienden mucho más allá de los límites de su reputación.

Este controvertido individuo, una espantosa mezcla de egomanía y autodesprecio, ha inspirado valoraciones apasionadas, pero rara vez justas, de los historiadores. Sutin, al tratar a Crowley como un fenómeno cultural, y no simplemente como un hechicero o un charlatán.

La magia, para Crowley, es una forma de vida que abarca todas las facetas de la vida. Las claves para el logro dentro de la tradición mágica residen en el entrenamiento adecuado de la psique humana misma, más específicamente, en el desarrollo de los poderes de la voluntad y la imaginación. El entrenamiento de la voluntad, que Crowley enfatizó tanto, colocándose de lleno dentro de esa tradición, es el enfoque de la energía de uno, el ser esencial de uno.

La imaginación proporciona, por así decirlo, el objetivo de este enfoque, por su capacidad de visualizar ardientemente —y por tanto traer al ser mágico— posibilidades y estados más allá de los de la realidad consensuada. La voluntad y la imaginación deben trabajar de forma sinérgica. Porque la voluntad, no iluminada por la imaginación, se convierte en una herramienta estéril de las actividades terrenales.

CROWLEY ABRE LA CAJA DE PANDORA

EL LIBRO DE LA LEY es la "Biblia" para los devotos de Aleister Crowley en todo el mundo. En sus páginas se insinúa la sexualización de los niños y el asesinato y el sacrificio de seres humanos.

SECRETOS DE AMÉRICA

Hay alrededor de 15.000 miembros del Califato del Ordo Templi Orientis inspirados por Crowley, y todas las reuniones de la Logia colocan respetuosamente una copia del LIBRO DE LA LEY de Crowley en el atril antes de que tengan lugar las ceremonias mágicas y las iniciaciones de los nuevos miembros.

EL LIBRO DE LA LEY es la obra más importante escrita por Aleister Crowley. Su título completo es conocido por los hippies, rojillos y la aristocracia bávara-británica que frecuentan las orgías satánicas como *"Liber AL vel Legis"* - El Libro de la Ley es un elogio a la ciega y odiosa Voluntad. El Libro de la Ley es un libro que promueve tu voluntad, tu ego, tus deseos más oscuros y tabú, la lujuria por actos sexuales egoístas y violentos, la lujuria por el asesinato, el sacrificio, la guerra y el caos.

El Libro de la Ley es un Libro de Texto oficial utilizado por la sociedad secreta Ordo Templi Orientis [OTO], que anteriormente estaba dirigida por Aleister Crowley. Hoy en día, la OTO tiene muchas sucursales y muchas logias, incluso en el norte de Gales. Recientemente, la revista Scallywag afirmó que la agencia de espionaje de Su Majestad, MI5, organizó fiestas para diplomáticos extranjeros en hogares de niños en el norte de Gales y los filmó en secreto abusando y torturando a niños para usar las cintas para chantajearlos.

Cuando los detalles enfermizos finalmente se expusieron al ojo público, se hizo obvio que se trataba de una Logia OTO ...

¿Qué revelación impactante, exactamente, vincula estas atrocidades en el norte de Gales con la OTO? Así de simple, como revelé en mis series illuminati exclusivamente en 2009, que el ex director senior de Contrainteligencia en el MI5, el Sr. Maxwell Knight, fue iniciado personalmente por Aleister Crowley en un culto satélite de la OTO. A partir de entonces, el MI5 estuvo intrínsecamente vinculado con los hechos sucios del culto OTO.

En la primavera de 1970, se encontró una bolsa de plástico en el andén de una estación de tren y se la entregó a Objetos Perdidos. El contenido de la bolsa pronto despertó cierto interés entre los trabajadores ferroviarios: la bolsa tenía una variedad de cartas de amor y fotos extrañas, que parecían haber sido tomadas en una fiesta extraña a la que asistieron algunas figuras conocidas del entretenimiento.

Fíjate, el ser amigo del jefe del MI5 le dio a Crowley y a los miembros de su culto OTO una protección y un prestigio considerables. Por lo tanto, los cultos pedo-sexuales han surgido en todo el mundo, y en Gran Bretaña, Hampstead en Londres es una de las áreas más importantes donde operan.

EL ODIO NIHILISTA DE TODAS LAS COSAS FÍSICAS Y HERMOSAS EN EL MUNDO MATERIAL SUBYACE LAS AMBICIONES Y LAS 'ENSEÑANZAS' DEL DEMONIO QUE DICTÓ EL 'LIBRO DE LA LEY' A LA ESPOSA DE CROWLEY EN EL CAIRO EN 1904. CROWLEY SE DICE FUE UN MIEMBRO SENIOR, DE LA INTERNATIONAL FREEDOM QUE ESTILIZÓ SU TEMPLO DE THELEMA EN EL CLUB FUEGO DEL INFIERNO-HELLFIRE CLUB- ANTIGUO QUE ESTABA DIRIGIDO POR SIR FRANCIS DASHWOOD Y BENJAMIN FRANKLIN. AMBOS FRANKLIN Y CROWLEY COMPARTÍAN SU FASCINACIÓN POR LA GRAN PIRÁMIDE Y TAMBIÉN POR LA NECROMANCIA O NECROFILIA.

MAXWELL KNIGHT [arriba] era un hombre gay de armario que temía ser "descubierto" como homosexual. Esto lo llevó a ser manipulado y probablemente objetivo de chantaje. Knight era un director senior de la agencia de inteligencia MI5 de Su Majestad. Un exagente del MI5 alegó que Knight organizó el asesinato de su primera esposa, como parte de algún tipo de ritual de sacrificio organizado por Aleister Crowley en Londres. El es M en las películas de James Bond.

SECRETOS DE AMÉRICA

Según el periódico The Telegraph que publicó un informe sobre la investigación de abuso infantil en el norte de Gales:

"Los testigos se derrumbaron repetidamente cuando contaron cómo habían sido violados, golpeados e intimidados por sus cuidadores, tanto niños como niñas". Niños, algunos tan jóvenes de hasta 10 años, habían sido obligados a lamer los zapatos de sus atacantes o cortar pasto con corta uñas. "A los que se quejaron se les canceló el permiso de residencia, sufrieron más palizas o fueron trasladados a hogares aún más duros".

"Haz lo que quieras" es la cita más famosa del Libro de la Ley. En lo que respecta a los Crowleyitas de todo el mundo, "Haz lo que quieras" es la Ley. Si tiene la ambición de cortar en pedazos a una mujer embarazada desnuda viva, como lo hicieron los devotos de Crowley en el culto de la 'Familia' de Charles Manson, entonces la religión de Crowley de Thelema, que es la palabra griega para fuerza de voluntad, es la religión adecuada para usted.

Tienes la ambición de tener sexo con niños y mutilarlos Y ofrecérselos a Lucifer? No busques más, bienvenido, ha venido al lugar correcto, el lugar de Crowley, que a menudo estaba poblado por personas adineradas, políticas, escritoras y del mundo del espectáculo. Oh, sí, todos, desde Duques hasta Sammy Davis Junior, Jimmy Page y Ian Fleming, a todos les encanta el Libro de la ley de Crowley.

SECRETOS DE AMÉRICA

Envuelto en prosa mística, El libro de la ley es, sin lugar a dudas, un libro lleno de odio por la humanidad. Y eso no es ninguna sorpresa, ya que todo el manuscrito fue dictado a Crowley por un espíritu no físico, un demonio muy desagradable de hecho ... Y quién mejor que transmitir el odio nihilista del demonio hacia todas las cosas físicas y hermosas en el mundo material. que el Sr. Crowley ... después de todo, junto con su compañero mago SL 'MacGregor' Mathers, Crowley escribió una introducción a una versión especialmente ilustrada del famoso grimorio Goetia, el libro que se dice que fue encargado por el rey Salomón y que contiene los hechizos y encantamientos rituales para convocar a todos, o uno, de los 72 demonios que ocupar la Jerarquía del Infierno.

Los demonios, como pronto aprenderás, son astutos y listos; pueden presentarse como la aparición fantasmal de una joven, o una dulce anciana, o un pariente querido muerto hace mucho tiempo; en el fondo, estos espíritus están incandescentes de rabia, alimentados por su absoluta envidia por la raza humana; sí, envidiosos de nosotros, humanos que podemos correr, saltar, hacer el amor, respirar, fumar, dibujar caricaturas, andar en patineta y disfrutar de todos los placeres del mundo físico. Es esta misma envidia, filtrada a través de siglos de caminar, lo que Carl Jung describe como los *"desiertos vacíos del mundo astral"*, lo que impulsa el odio nihilista hacia nosotros los humanos.

SECRETOS DE AMÉRICA

Los espíritus malignos en realidad tienen formas horribles porque están alimentados por el odio. La versión ilustrada del Goetia editada por Crowley y Mathers a menudo muestra que los demonios tienen características físicas de varias criaturas, todas mezcladas. Crowley tuvo, sin duda, una amplia experiencia con "trabajos" que invocaban demonios, y es una de las mejores fuentes literarias para descubrir cómo la invocación de demonios puede afectar drásticamente su salud psicológica y la cordura de quienes lo rodean.

Crowley se empapó de demonios, ritos y sistemas mágicos que los hacían aparecer en el humo del incienso, en una pieza pulida de obsidiana (conocida como Espejo Oscuro) o en la fiel bola de cristal. Estos rituales se remontan a antes de la época de los faraones, y los demonios a menudo exigían un PACTO con sangre humana y sacrificio humano. Crowley se hizo amigo de Ian Fleming (autor de las novelas de James Bond), y a menudo tenían reuniones en clubes de caballeros con los jefes de inteligencia de Fleming en tiempos de guerra. Siempre que Crowley conocía a alguien a quien admiraba o tenía la esperanza de estafar con algo de dinero en efectivo, Crowley estrechaba la mano, movía la otra mano sobre su rostro y decía:

"¡Por favor, perdóname mientras invoco a la Luna!".

SECRETOS DE AMÉRICA

Crowley era un defensor del sacrificio de niños, su novia, Leah Hirsig, disfrutaba de ser sodomizada por una cabra, ella y Crowley eran los asesinos de sus propios hijos embrionarios, y sí, el más ritualmente profano de los psicópatas ingleses, adicto a la heroína y asesino de niños. de hecho recibió salarios del Servicio de Inteligencia de Su Majestad.

De hecho, Crowley estaba siguiendo los pasos de muchos ocultistas y, como veremos más adelante, en realidad estaba diseñando su vida sobre la de *Gilles de Rais*, maestro de armas y asesino de niños de Francia medieval, y el Sr. Benjamin Franklin, quien mató y almacenó cadáveres en su casa de Londres. Crowley fue el arquitecto de un asesinato más extraño y horrible que tuvo lugar en el Overseas Gentleman's Club en Londres.

El resultado de la fiesta de lo oculto de esa noche vio a la esposa de Maxwell Knight, el director de Contrainteligencia del MI5, asesinada como una piedra, y después de esa noche, Crowley, de hecho, se había convertido en algo así como un 'amigo' en las altas esferas. Entonces, ¿cuál fue el principal catalizador del Libro de la Ley? ¿Qué evento ocurrió que catapultó a Crowley por encima de las cabezas de otros autores sobre el ocultismo, como los igualmente desagradables Israel Regardie o Dione Fortune? Para descubrir cómo comenzó este lío mágico, primero debemos transportarnos de regreso a la Cámara de los Reyes de la Gran Pirámide de Keops en 1904.

SECRETOS DE AMÉRICA

El GOETIA es un libro que explica cómo invocar demonios: estos demonios aparecen en el humo del incienso y en visiones psíquicas con un aspecto realmente extraño. Tienen cabezas, cuerpos y patas de gatos, ranas, pájaros, humanos y otros animales, todos mezclados en una morfología extraña, muy similar a la que vemos con los "cuerpos espirituales" representados en el antiguo Egipto.

Las representaciones medievales de demonios, con piel escamosa, cuernos y extrañas partes del cuerpo con rostros de animales se pueden encontrar en el arte TIBETANO, comentarios religiosos ÁRABES y también manuscritos iluminados pre-medievales.

La parte superior de un altar de granito fotografiada por el autor en el templo de Kom Ombo en Egipto (tiene una incinacion alrededor del borde para dirigir la sangre hacia una copa), la sangre seguramente se habría bebido durante los rituales. La evidencia de la decapitación humana y el sacrificio de sangre se puede encontrar en todo Egipto, pero los libros de texto oficiales evitan el tema.

SECRETOS DE AMÉRICA

Crowley transformó la Cámara del Rey en una verdadera Caja de Pandora, dando a luz a los Espíritus Demoníacos del Rey Bael, Marbas, Duques, Marqueses, Condes y Príncipes del Infierno. ¿Cuántos libros de historia sobre la Gran Pirámide te dijeron esto?

Fue en esta cámara ritual donde Crowley invocó a los 72 demonios de Goetia en una ceremonia gigante de los enfermos dentro de la Cámara de los Reyes de la Gran Pirámide.

En mi opinión, es el episodio más importante de la historia de este monumento gigantesco, porque Crowley transformó la Cámara de los Reyes en una verdadera Caja de Pandora, dando a luz al rey Bael, Marbas, los duques, marqueses, condes y príncipes del infierno. Crowley los invocó, y luego abandonó la pirámide, sin pasar por el proceso normal de cerrar el ritual y enviar a los demonios de regreso a los planos astrales utilizando lo que se conoce como la Licencia para partir.

La Licencia suele ser ordenada por el Mago desde la seguridad de su ***Círculo Mágico*** (el círculo es en realidad una representación física del aura del mago, y es un santuario visual y astral, que protege al mago de ser asaltado por entidades espirituales particularmente desagradables que tienen poderes telequinéticos poltergeist) La Licencia para Partir más comúnmente usada dice: "¡Vete Ahora Oh Gran Espíritu ... Ve! ¡Ve en paz sin causar mal favor ni daño a mí oa mis seres queridos!".

SECRETOS DE AMÉRICA

72 DIABLOS DEL GOETIA

Sin este destierro tan esencial de los demonios, uno está soltando en el mundo físico entidades demoníacas que acecharán en las sombras y las telarañas, esperando secuestrar y vivir como parásitos en la psique de una persona inocente. Esa noche, con Crowley invocando y desatando a los demonios goéticos y deliberadamente sin devolver a estos genios a su lámpara, Crowley perpetró uno de los crímenes mágicos más atroces. Este, os digo ahora, es el Holocausto espiritual más pasado por alto en la historia moderna.

La invocación de Crowley de estas fuerzas malignas desató lo que finalmente llamó la Era de Horus, que es básicamente el escenario de la Guerra Permanente que George Orwell nos advirtió que el Gran Hermano nos tenía reservado. Cualquier mago experimentado te dirá que invocar a los 72 demonios del Goetia en un ritual monstruoso y luego no desterrarlos después del ritual es una maldita locura, ya que muchos magos consideran que los 72 espíritus demoníacos descritos en el Goetia son 72 aspectos del consciencia humana.

Realmente hay gente malvada. O, debería decir, personas que dedican todo su ser al mal, y han sido inspirados a seguir este camino por algún "mensaje telepático", por lo general siguiendo algún tipo de incursión en el mundo oculto. Una de esas personas fue la mujer escarlata de Crowley llamada Leah Hirsig, que vino de Suiza y se casó con un miembro de la influyente familia judía Barron de editores del siglo 19.

SECRETOS DE AMÉRICA

Crowley estableció un "templo" en Sicilia llamado Cefalú, Italia que se convirtió en un imán para la gente rica que estaba interesada en presenciar que su esposa tuviera sexo con una cabra y bebiendo sangre menstrual o usandala como mascarilla facial.

El billete de un dólar muestra claramente un CÍRCULO Mágico y dentro de ese círculo hay un Triángulo de Arte que está representado por la Pirámide inacabada: la Piedra de Corona flota arriba y se eleva con algún tipo de fuerza de energía misteriosa.

SECRETOS DE AMÉRICA

Leah Hirsig escribió en su diario de 1921:

"Me dedico totalmente a La Gran Obra [del satanismo]. Trabajaré por la maldad, mataré mi corazón, seré desvergonzada ante todos los hombres, prostituiré libremente mi cuerpo para todos criaturas ".

Y ella lo hizo. Leah actuó sexualmente con una CABRA frente a Victor Neuburg, dio a luz a un niño que muchos dicen fue asesinado ritualmente y usó un nombre falso para ocultar el libertinaje de la casa de Crowley. Hirsig fue la anfitriona del sexo animal a la que muchos debutantes fueron invitados a escupir y vomitar durante sus luciferinas de rodillas en Cefalu, Italia. En ese momento, Crowley se hacía llamar Sir Alastor de Kerval y su Mujer Escarlata se hacía llamar Condesa Lea Harcourt.

En 1923, un estudiante de Oxford de nombre Frederick Charles Loveday murió a manos de Crowley & Hirsig. La esposa de Loveday, Betty May, culpó de la muerte de su esposo a su participación en uno de los rituales de Crowley que supuestamente involucraba beber la sangre de un gato sacrificado. El 13 de marzo de 1926, Alma Hirsig, la hermana de la ex Mujer Escarlata de Crowley, publicó su exposición sobre Aleister Crowley y su compañero diabolista Pierre Bernard titulado *"Mi vida en un culto amoroso, una advertencia para todas las niñas".* Si bien no estoy de acuerdo con esta suposición, estoy de acuerdo en que cada uno de los 72 demonios tiene una afinidad con ciertos aspectos de la psique humana. De hecho, yo diría que los 72 demonios del Goetia se enfrentan a los aspectos pecaminosos más perversos y desagradables del carácter humano.

SECRETOS DE AMÉRICA

Solo decir que NO hay demonios y que son meras invenciones, o 'compartimentos' de tu mente, es, por supuesto, una mentira destinada a proteger una mayor investigación de personas como yo sobre lo que Crowley, Maxwell Knight, Dennis Wheatley, Ian Fleming, Christopher Lee, Bram Stoker y otras personas prominentes de la aristocracia oculta del mundo del espectáculo de Gran Bretaña encontraron fascinante en los textos de Goetia y sus hermanos, uno de los cuales Christopher Lee cita en el DVD extra extra de "The Devil Rides Out" (Christopher Lee en realidad poseía una copia de las Clavículas de Salomón y era primo de Ian Fleming).

Esencialmente, invocar a los 72 demonios del Goetia simultáneamente, como lo hizo Crowley dentro de la Gran Pirámide, puede potencialmente enviar a uno a la locura y / o un estado de posesión espiritual permanente (en mi opinión, la locura y la posesión espiritual son en realidad dos lados del misma moneda).

Sin embargo, su joven esposa, que había sido arrastrada para ver las pirámides y ayudar a Crowley a tomar fotografías de sí mismo como un faquir egipcio, desafortunadamente se vio envuelta en las invocaciones demoníacas de Fall Out of Crowley. La noche siguiente, la joven Rose Crowley comenzó una serie de murmullos que, según ella, estaban siendo inyectados en sus pensamientos por espíritus de los anales de la magia del antiguo Egipto.

Lo primero que Rose le dijo a Crowley fue; ***"...Te están esperando...".***

SECRETOS DE AMÉRICA

Los "ellos" resultaron ser **AIWASS**, una deidad del antiguo Egipto. Aiwass (que es quizás un armónico espiritual o una faceta oculta de Horus) vino todos los días durante tres días y dictó un texto que Crowley tituló ***El libro de la ley.*** Como cualquiera con la más mínima experiencia en conversar con espíritus te dirá, es el más travieso, envidioso y astuto de los espíritus los que parecen "salir adelante" más fuertes que cualquier otro, y, como tal, El Libro de la Ley es una doctrina nihilista: impulsar la destrucción total y completa del mundo físico mediante la guerra y el derramamiento de sangre.

La guerra, para un demonio, es como la miel para un oso hambriento. La guerra y la destrucción segundo a segundo, minuto a minuto, de la vida de las personas, su cordura y, en última instancia, las horrendas muertes prematuras e innecesarias de millones de maridos, esposas, madres, hijas, hijos y vecinos permiten que los espíritus malignos se alimenten frenéticamente en el plano astral.

Muchas víctimas medio muertas en el Somme informaron haber visto miles de personajes fantasmales deambulando por los campos de batalla por la noche. Una guerra permite que los planos astrales se bloqueen por completo con nuevas almas, almas de personas que murieron en agonía, solas, lejos de sus seres queridos, en un estado de desconcierto, casi ninguna de los millones de almas que fluyen hacia los planos astrales. estaban preparados para la experiencia de la muerte.

SECRETOS DE AMÉRICA

Swami Panchadasai en su excelente libro *The Astral World*, publicado en el momento de la Primera Guerra Mundial, señaló que los demonios se alimentan de las formas de pensamiento negativas creadas por las personas en los planos físicos. ¿Qué mejor manera de crear nubes ondulantes de formas de pensamiento oscuro en el plano astral que diseñar una guerra sangrienta e insalubre en la tierra donde las víctimas más jóvenes, saludables y brillantes son sacrificadas en un campo de amapolas en un país que nadie puede ni siquiera deletrear su nombre de?

Crowley había dicho mucho antes que Hitler que la sociedad quiere liderazgo, la gente quiere líderes fuertes, y no le importa mucho a dónde los conduzcan estos líderes fuertes ... Crowley anhelaba la adoración pública, ansiaba respeto por su horrible poesía y ansiaba la aceptación con el reconocimiento público de manera de un honor real - como el título de caballero - por ser uno de los caballeros ingleses montañeros tipo Oxfordiano.

Sin embargo, las primeras amistades de Crowley con personas que vivían, literalmente, en la cuneta y estudiaban magia en las buhardillas de París y Londres, mancharon la reputación de Crowley y, como tal, Crowley guardaba rencor y odio por la sociedad debido a su rechazo social. Con cada libro que escribió, Aleister Crowley buscó influir en la sociedad y luego liderar a ciertos miembros de la sociedad para violar asesinar y sacrificar o causar el caos al orden estabelcido natural. Crowley odiaba a Jesucristo y su educación religiosa de niño.

SECRETOS DE AMÉRICA

CULTOS CANÍBALES

Estudió Yoga y cultos indios que viven en los crematorios a lo largo de las orillas del Ganges y en otras partes de la India. Estos 'cultos de la muerte' comen carne humana podrida, beben y comen de todo, desde una 'copolla', que es un cráneo humano ahuecado robado de una tumba o pira funeraria e incluso se comen sus propios excrementos.

El sucesor de Crowley para dirigir la OTO fue un hombre llamado KENNETH GRANT. Escribió *The Nightside of Eden* sobre los demonios goéticos y se adhirió y recomendó el mismo canibalismo y los horribles actos de odio a sí mismo que vemos en los cultos a la muerte de la India. Kenneth Grant, al igual que el propio Crowley, planeó cada acción para que enfureciera a algunos miembros de su familia cristiana y a la sociedad en su conjunto.

Crowley asistió al Trinity College de Cambridge, la misma universidad donde había estudiado el doctor John Dee, y Crowley, a una edad muy tierna, descubrió los mensajes de los espíritus que Dee había registrado en sus diarios y memorias. Estos mensajes fueron canalizados por espíritus en el llamado lenguaje enoquiano. Crowley aprendió todas las 'CLAVES' enoquianas de John Dee, que son sonidos especiales y nombres de demonios y ángeles que se usan para invocar espíritus que pueden recibir instrucciones para llevar al mago información sobre un tesoro enterrado o cómo matar a alguien mediante un ataque psíquico.

SECRETOS DE AMÉRICA

Crowley recorrió las bibliotecas y los pasillos de Cambridge, absorbiendo todos los escritos de John Dee, especialmente el manifiesto de Dee para la dominación mundial, el control de la Nueva Atlantis o América, un manifiesto presentado a la Corte Real de Inglaterra, que era un plan para comandar las fuerzas espirituales que gobernaban los diferentes sectores del planeta Tierra.

Esta noción de controlar el mundo a través de fuerzas espirituales psíquicas mientras se pone de culo por las drogas atrajo a Crowley y pronto se unió a la sociedad secreta Golden Dawn que había sido inspirada por un culto alemán de rosacruces y masones.

CROWLEY ERA MASÓN

Aunque la Gran Logia de Inglaterra lo niega, Crowley también se unió a la masonería, alcanzando [según sus sesiones de alarde a la hora del almuerzo] el rango más alto de grado 33 (que Crowley a su vez transformó en el primer rango de la O.T.O.). Crowley es considerado un rebelde entre los masones que se atreven a mantener una conversación sobre el tema de Crowley. Con algunos nuevos amigos judíos, como Israel Regard en el Golden Dawn y otros masones, una pequeña y secreta camarilla de aristócratas y tipos literarios de modales suaves solían patrocinar las diversas veladas mágicas secretas de Crowley, disfrutando de la cocaína, la heroína y el absynth.

SECRETOS DE AMÉRICA

Escuchar a Crowley sermonearlos acerca del Kabala y, de vez en cuando, muchas de estas personas amables y educados solían permitir que Crowley los sodomizara en algún extraño ritual antiguo. Muchos de ellos eran en realidad judíos y pertenecían a las filas menores de la aristocracia británica.

De las reuniones de poetas, espías y aristócratas que orbitaban a Crowley, se convirtió sin saberlo en la inspiración para el personaje de "*Mercata*" en el thriller oculto de Dennis Wheatley llamado **La Esposa Maldita (The Devil Rides Out)**. Crowley también inspiró la película de Roman Polanski, **Rosemary's Baby** (la Semilla del Diablo), dando metro y profundidad a la figura demoníaca del abuelo que vive al lado de una joven solitaria que está embarazada del hijo de Satanás a cambio de que su esposo tenga éxito en audiciones de películas y para anuncios de televisión.

Somerset Maughn basó un trabajo completo en Crowley conocido como **The Magician**-El Mago, y con razón, atrapó a Crowley con las manos en la masa diciendo mentiras y cuentos. Desde 1904, el Libro de la Ley de Crowley - oh, lo siento, no olvidemos su título original en alemán; Liber AL vel Legis, sub figura CCXX - se conoció como LA GRAN OBRA. Y es precisamente esta GRAN OBRA a la que los oficiales militares británicos, los maestros espías de Su Majestad, los aristócratas judíos, los asesinos, los adictos, las estrellas del rock y los miembros del Parlamento jurarían lealtad.

SECRETOS DE AMÉRICA

Crowley se hizo amigo de muchas personas famosas que entraron en contacto con él a través de la lectura del Libro de la Ley. Se encuentra junto a muchos otros textos diabólicos de la misma época, ya que, solo 98 años antes, París se había visto envuelta en una ola de interés por la magia y lo oculto.

LA PRIMERA LLAMADA VOCAIONAL DE SATÁN

Según Crowley, la génesis del Libro de la Ley comenzó el 16 de marzo de 1904 en El Cairo, después de que Crowley regresara el día anterior de invocar a todos y cada uno de los demonios de Goetia en la Gran Pirámide, 72 NI UNO MÁS NI UNO MENOS. Los libros de historia oficiales escritos por los muchos apologistas profesionales que apoyan la forma hedonista de magia de Crowley, describen inocentemente a Crowley como un intento de "Mostrar las sílfides" por medio de un ritual a su nueva esposa, Rose.

«Aparentemente, no podía ver nada, sin embargo, parecía entrar en un trance de ensueño ligero y luego repetía en un susurro maltratado por su esposa "Te están esperando ... Te están esperando ... te están esperando"»

Los apologistas, como el fanboy de Crowley, el señor Kenneth Grant (autor de ***Crowley and the Hidden God***) y Lon Milo Duquette (autor de la versión ***The Illustrated Sexual Invocation de Goetia***) que promueven la religión hedonista de Crowley sobre Thelema, nos harían creer que Rose Crowley era un espectador completamente inocente y no tenía ningún interés en los asuntos ocultos.

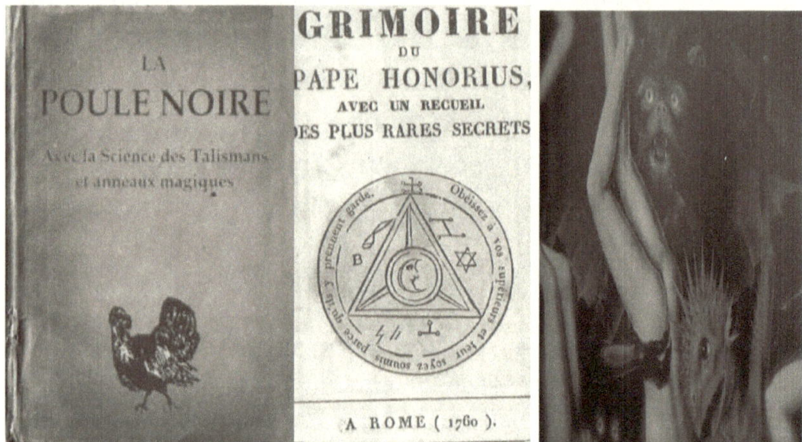

Los **GRIMORIOS** son un conjunto de textos publicados y escritos anónimamente – algunos de ellos se le atribuyen al **REY SOLOMON** mientras que otros se le atribuyen a Papas. El **GALLO NEGRO** es un libro superticioso de magia negra que aun es muy popular en Francia hoy en día– contiene maldiciones y males de ojo y de dinero.

De los rumores que han circulado durante al menos 20 años, se alega ampliamente que la familia Bush está relacionada con Aleister Crowley. Cultos sexuales, como los reportados en Hampstead por dos niños en edad escolar, a menudo dirigidos por sacerdotes. En la Francia medieval por ejemplo, un sacerdote llamado PRELATE fue contratado por el violador de niños, novio de Juana de Arco y satanista Gilles de Rais para realizar rituales.

Es ridículo creer que la joven Rose Crowley no tenía ningún interés en el tipo de magia de su marido (escrito con una "k" de inspiración alemana para denotar su diferencia con los magos de la sala de estar); después de todo, Rose vivía día y noche con Crowley. quien era un ocultista a tiempo completo - un estipendio le permitía disfrutar de las tradiciones mágicas de los antiguos egipcios, griegos y cultos hebreos las 24 horas del día ... A menudo se requería que Rose ayudara a arrastrar grandes baúles llenos de parafernalia ritual y textos mágicos de uno entrenar al otro en sus viajes de misterio oculto, por lo que es poco probable que Rose Crowley fuese tan desinteresada, ni tan inocente como muchos de los biógrafos de Crowley quisieran que creyéramos.

SECRETOS DE AMÉRICA

El 18 de marzo, después de una invocación para materializar el espíritu de Thoth, el ibis de cuerpo humano encabezado por el "arquitecto" de la Gran Pirámide de Keops e ideólogo espiritual al que están consagrados muchos templos antiguos en Egipto, Rose Crowley farfulló el nombre de "*Horus*" como el nombre de la entidad espiritual que estaba esperando la atención de Crowley. Como haría cualquier esposo amoroso, Crowley interrogó a su joven esposa sobre la vida y los tiempos de Horus.

Según Crowley, las respuestas que dio Rose coincidían con el conocimiento que tenía Crowley de esta antigua deidad egipcia. Crowley buscó pruebas en la nueva profesión de su joven esposa como adivina inglesa oculta en un apartamento privado no lejos de la meseta de Giza cuando fueron a dar un paseo por la tarde por los pasillos del Museo de El Cairo. Rose rápidamente identificó a Horus en la Estela de la Revelación, un extraño artefacto con forma de arco que hasta ahora se había pasado por alto y sin complicaciones.

Crowley y Rose miraron la minúscula etiqueta de la descripción, y después notaron que estaba numerado como prueba "666". Es discutible si la psique de Crowley sobrevivió con éxito a su ritual de la Pirámide ... poco después, murió la primera hija de Crowley, y este fue el comienzo del programa de cría que Crowley hizo soportar a sus diversas rameras *Escarlatas* para proporcionar embriones para el sacrificio ritual. Crowley no se volvió loco notablemente después del ritual de la Pirámide Goética; en cambio, el mundo entero se volvió loco.

Horus: se reveló a sí mismo como AIWASS a Rose Crowley

QUE SEA UNA LECCIÓN PARA TODOS: Charles Manson era fanático seguidor de Crowley y asistió al Agape Lodge de la O.T.O en Pasadena. **Charles Manson siguió** el consejo de Crowley de ***"Haz lo que quieras"*** y preparó sádicamente a miembros del culto que llevaron al asesinato de la actriz Sharon Tate, la esposa embarazada del director de cine judío Roman Polanksi. Los supuestos asesinatos de **Helter Skelter** fueron sin duda inspirados en el ocultismo por El Libro de la Ley.

La expresión facial implacable de Charles Manson después de su arresto lo dice todo. Como digo, es más probable que los demonios de naturaleza maligna "salgan" en las sesiones de espiritismo; ten en cuenta que muchos demonios malignos se hacen pasar por "niños perdidos" o espíritus de gente vieja y amable. El incursionar en la comunicación espiritual puede causar un ataque psíquico permanente, posesión espiritual y locura. Escucha atentamente este mi consejo.

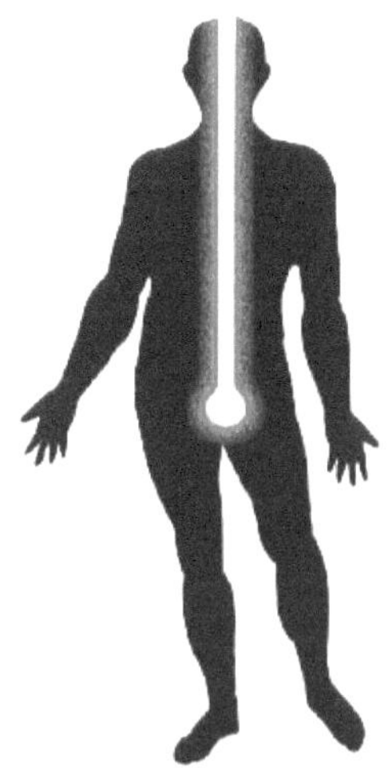

CAPÍTULO VII: LA ENERGÍA VITAL OCULTA

«Soy el más rico y quien más tiene, porque soy el que menos necesita» **-Colin Rivas**

En **RESUMEN** de los capítulos anteriores, ahora presentaré un paradigma completamente nuevo en la Investigación Pirmidológica: es obvio para mí que las Pirámides son estructuras que han sido construidas para el **RITUAL MÁGICO**, y el objetivo principal del ritual es **INVOCAR ENTIDADES ESPIRITUALES**. Al convocar a estos espíritus, algunos exigen que se realice un **PACTO**, y algunos exigen que la fuerza vital de un animal o un ser humano se libere en el espacio sagrado del templo. Este derramamiento de sangre también es similar al *"Extracción de la energía vital,"*

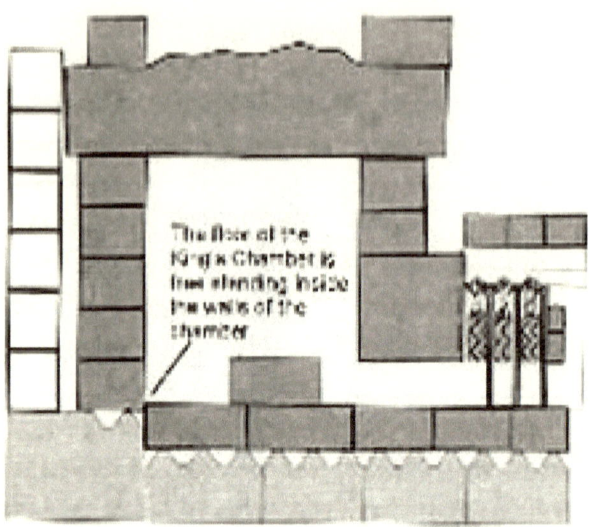

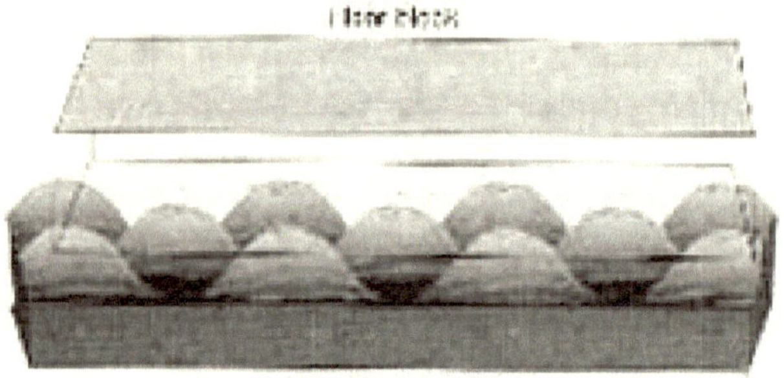

El piso de la **CÁMARA DE LOS REYES** es en realidad diseñado en forma un panal de abejas, como una caja de huevos, con una matriz de pequeñas cavidades, que están cubiertas por placas de baldosa de granito rojo.

y se hace para venerar el espíritu, pero también la sangre a veces es bebida por el mago que luego "absorbe" la energía vital del ser sacrificado, mientras que simultáneamente es poseído por el demonio / ángel que está siendo invocado. Debido a que los investigadores académicos egiptológicos no entienden el ritual mágico, se han dado palos de ciego incapaces de explicar claramente por qué la estructura interior de la Gran Pirámide es como es.

Creo que el estudio de RADAR de penetración **(GPR)** terrestre del piso de la Cámara de los Reyes que se llevó a cabo hace 19 años nos ha dado una pista importante sobre el verdadero papel de la Pirámide y la Cámara de los Reyes. En 2001, inicié una larga amistad con el egiptólogo ALAN ALFORD. En su libro, **Pirámide de los Secretos**, vemos que una encuesta de RADAR de penetración terrestre realizada con la bendición total del Departamento de Antigüedades Supremos en El Cairo reveló que el piso de granito rojo del Cámara de los Reyes NO ES SÓLIDO.

De hecho, los trazados sismológicos revelaron que el piso está hecho de una serie de paneles planos y debajo de estos hay una compleja serie de cavidades que se asemejan a una "**CAJA DE HUEVOS**", sobre las cuales se equilibran los paneles planos del piso. Esta matriz de picos e inclinaciones es como una red de minipirámides por derecho propio.

Y uno solo puede suponer que la ENERGÍA DE LA PIRÁMIDE, que fue tan bien demostrada por el Dr. Siemens en la cumbre, se recrea en la superficie del piso de la Cámara de los Reyes. Creo que esta matriz de cavidades piramidalogicas está de alguna manera relacionada con la "Segunda Entrada" que hoy ha sido dañada y rellenada que se encuentra a la izquierda y detrás de la primera hilera de bloques en la parte trasera del Sarcófago.

El doctor Siemens demostró correctamente que en la cúspide de la pirámide, la energía de flujo electromagnético y estático se podía almacenar usando un tarro de Leiden, y creo que el llamado Sarcófago de la Cámara de los Reyes probablemente era el prototipo del **ARCA DEL PACTO-arca de la alianza** y estaba lleno de frascos de líneas de pan de oro.

No es ningún secreto, y ha sido científicamente probado por el médico ruso Konstantine Korotkov, que el cuerpo humano emana una fuerza electromagnética, y que puede tardar hasta 72 horas después de la muerte confirmada médicamente para que esta Energía de Vida se disipe por completo de un cuerpo humano.

Sir Siemens [en la foto] demostró con éxito que los flujos de electricidad estática electromagnética se podían recolectar desde la cima de la Gran Pirámide usando Jarras de Leyden, y son estas jarras las que probablemente llenaron el **ARCA DEL PACTO**.

SECRETOS DE AMÉRICA

Creo que es muy probable que las antiguas Hermandades egipcias enseñaran, y creyeran, que la ENERGÍA Vital podía liberarse del cuerpo físico, y que este "*Ka*" podía viajar de forma independiente y atravesar objetos sólidos. Esto explica el fenómeno de PUERTAS FALSAS que se encuentra en las tumbas de los Maestros en la meseta de Giza: una Puerta Falsa es un "punto focal" para que pase el alma / cuerpo espiritual del Faraón.

Puertas falsas talladas muy similares se pueden ver en América del Sur, especialmente en el sitio de Pumu Funk, que está cerca de la costa del lago Titicaca. Es sumamente obvio, a partir del análisis del elaborado y lento proceso de embalsamamiento y de la ceremonia de "Apertura de la Boca" realizada en todos los faraones recién momificados, que las hermandades ocultas egipcias creían que una FUERZA DE VIDA existía independientemente del cuerpo físico.

Entonces, ahora, supongamos que esta Fuerza de Vida era de naturaleza eléctrica, y supongamos que la Pirámide está construida deliberadamente de tal manera que la Fuerza de Vida se concentra y se mantiene en un estado de flujo en la cima de una pirámide. edificio en forma. Esto explicaría claramente la existencia de los **EJES DEL ALMA**, el sarcófago y la matriz de minipirámides puntiagudas que sustentan el piso de la Cámara de los Reyes.

CULTOS DE PIRÁMIDE Y LOS METAMORFOS...

Este conocimiento arcano de la Fuerza Vital que se libera del cuerpo físico fue ampliamente escrito en los papiros del antiguo Egipto y también en los Textos de las Pirámides del Templo de Unas. En Egipto, he fotografiado extensamente MESAS DE ALTAR con barrancos para la sangre y tallas en las paredes que muestran a sujetos humanos sacrificados a quienes se les quita la cabeza en el Templo de Kom Ombo. También he filmado extensamente la misteriosa ENERGÍA DE LA VIDA [representada por líneas extrapoladas de puntos] en varias de las tumbas del Valle de los Reyes. Creo que es evidente que los antiguos egipcios sabían muy bien que la SANGRE contenía y era el medio portador de la Fuerza de Vida.

En el sacrificio humano, el objetivo principal del mago es aprovechar y cosechar la Fuerza Vital de una víctima sacrificada, y los cultos de la calavera en todo el mundo, como la tribu Tántrica **Aghori** en la India, buscan absorber la Fuerza Vital latente de un cadáver bebiendo la sangre y comer la carne de la persona recién muerta. Sin embargo, incluso va mucho más allá de eso. Los antiguos egipcios creían que cuando un espíritu humano, como el de un faraón, pasaba del reino físico al reino espiritual, su "cuerpo espiritual" sufría un cambio morfológico fundamental. Por ejemplo, el dios local de Luxor, AMOUN, se transformó en una esfinge con cabeza de carnero al entrar en el Mundo de los Espíritus.

La decapitación y el sacrificio humano en el antiguo Egipto es un tema que ha sido censurado de la arqueología convencional. Este mural muestra cuerpos decapitados e invertidos, sin duda para drenar sangre y usarla en un ritual que involucra a una deidad embalsamada.

Por lo tanto, uno debe suponer que el sarcófago en la Cámara de los Reyes pudo haber sido como una 'Batería Psíquica' y que pudo haber sido usado como un receptáculo para almacenar la energía de la Fuerza Vital de los faraones - o la energía de la Fuerza Vital de las víctimas sacrificadas. También puede haber sido utilizado para almacenar la "electricidad atmosférica", que Sir Siemens había demostrado que existía en la cima de la Gran Pirámide.

De hecho, hay un consenso generalizado entre los investigadores de que el Arca de la Alianza era una especie de ***dispositivo eléctrico***, y los sacerdotes del culto levita tenían que usar una 'correa de puesta a tierra' alrededor de un tobillo antes de acercarse o tocar el arca. no es una invención hebrea - fue concebida y construida en Egipto - y ahora mismo - en ausencia de cualquier otra teoría plausible que explique qué es el 'sarcófago' dentro de la Cámara de los Reyes, debemos concluir que hay suficiente evidencia circunstancial que sugiere que la Cámara de los Reyes era un receptáculo y 'generador' para un dispositivo tipo ***Arca de la Alianza***.

SECRETOS DE AMÉRICA

La **PUERTA FALSA** [en la foto] se puede encontrar en muchas tumbas funerarias de Masteba - es un 'foco' visual para que el espíritu de los faraones salga del mundo físico y entre en el mundo espiritual más allá - una vez que el espíritu ha pasado por la Puerta Falsa, la morfología de 'Ba' y 'Ka' a menudo cambiará de forma a una forma diferente.

CAPÍTULO VIII: EL CLUB DE LOS BRUJOS DEL INFIERNO

« Si alguien dudara de si la materia eléctrica pasa a través de su propio cuerpo. »

-Benjamin Franklin

Esto, por supuesto, explicaría por qué los satanistas, como Benjamin Franklin, presionaron con tanto entusiasmo para que se colocara una pirámide, el símbolo de los Illuminati bávaros, en el billete de un dólar. La pirámide no es solo una estructura para recoger electricidad atmosférica que se habría utilizado para descargar chispas durante las exhibiciones públicas y procesiones, sino que también era un templo ritual, con lo más probable que los ritos de sangre tuvieran lugar dentro de la pirámide, y que el estructura de alguna manera 'condujo' o 'preservó' las energías de la Fuerza Vital que se desataron; esto también explicaría la fascinación de Aleister Crowley con la Cámara de los Reyes y por qué convocó a los 72 demonios de Goetia para que habitaran dentro de ella.

SECRETOS DE AMÉRICA

BENJAMIN FRANKLIN no "descubrió" como recoger la electricidad de la atmósfera; ya era un método bien conocido que había sido desarrollado en el antiguo Egipto por el sacerdocio levita.

Durante más de 2000 años, el conocimiento de la electricidad se ocultó deliberadamente a las masas, para que la Red Satánica de Hermandades pudiera tener un control completo sobre la civilización y dirigir la Revolución Industrial una vez que su culto satánico se infiltró en los gobiernos de Gran Bretaña, Estados Unidos y Francia.

SECRETOS DE AMÉRICA

La recolección de electricidad atmosférica, el sacrificio de sangre, la nigromancia, el asesinato y la preservación de cráneos humanos es parte integrante de la vida de Benjamin Franklin. La casa de Benjamin Franklin en Craven Street, Londres, fue renovada recientemente y se encontraron varios cuerpos humanos que datan de cuando él residía en la casa ocultos en el jardín. Durante casi dos décadas antes de la firma de la Declaración de Independencia, Benjamin Franklin vivió en Londres en una casa-townhouse en 36 Craven Street.

En 1776, Franklin dejó su hogar inglés en Gran Bretaña para regresar a Estados Unidos. Más de 200 años después, se encontraron 15 cuerpos en el sótano, enterrados en una habitación secreta sin ventanas debajo del jardín. En 1998, los restauradores estaban haciendo reparaciones para transformar la antigua casa de Franklin en un museo. De un pozo de un metro de ancho y un metro de profundidad, se recuperaron más de 1200 piezas de hueso que comprenden más de una docena de cuerpos. Seis eran niños.

Las investigaciones forenses mostraron que los huesos datan de la época de Franklin. Ahora existe un consenso generalizado de que Franklin y un asociado asesinaban a personas y / o coleccionaban estos cadáveres, y usaban la artimaña de que estaban dando "clases de anatomía" en la dirección de Craven Street.

SECRETOS DE AMÉRICA

Franklin fue un notable masón revolucionario y poderoso: el **Gran Maestro de Masones de Pensilvania**. En ese momento, Franklin estaba en posesión de algunos de los datos ocultos más avanzados y arcanos. Mientras se promocionaba a sí mismo como un ***"padre de la democracia y la ciencia"***, Franklin era más bien como un Denis Nielsen de los últimos días: un asesino en serie que almacenaba los cadáveres de sus víctimas bajo los terrenos de su casa. La "escuela de anatomía de Benjamin Franklin" como tapadera, se mantiene bastante bien, hasta que entonces consideramos dos hechos notables:

En primer lugar, Benjamin Franklin era miembro del "club de bebidas" sadomasoquista de Francis Dashwood llamado **HELL FIRE CLUB-Club del Fuego del Infierno**, que albergaba reuniones clandestinas, en las que había un archivo subterráneo de CRÁNEOS. Benjamín Franklin hizo cortar su propia catacumba subterránea con tiza y pedernal dentro de este laberinto de cuevas. Sí, era un "club de bebidas",

¡pero lo que bebían allí era una mezcla de alcohol y sangre humana!

En segundo lugar, Franklin era muy consciente de la presencia de electricidad atmosférica en el aire, casi los mismos datos que había demostrado Sir Siemens en la cima de la Gran Pirámide, y la fuerza de energía que se había recolectado utilizando obeliscos y piedras de pirámide revestidas de *electrum* desde la antigüedad.

Todo el mundo sabe que en la época de Franklin, las "lecciones de anatomía" eran un asunto oscuro y éticamente ambiguo, que a menudo implicaba la desaparición y asesinato de personas y el robo de tumbas. Benjamin Franklin era miembro del *Hell Fire Club*, y está bien documentado que la tortura sado-sexual y los "rituales del violación" fueron realizados por Franklin y sus compañeros adeptos en cuevas subterráneas en High Wycombe en Inglaterra.

Las cuevas del Club del Fuego del Infierno y la hermandad que albergaba rituales sadosatánicos bajo tierra son poco conocidas en la cronología de los Illuminati. No puede haber ninguna duda de que el satanismo dentro de las filas del club Hell Fire se extendió desde alrededor de 1721 en adelante.

El líder más famoso del Hell Fire Club era Sir Francis Dashwood; era demasiado joven para haber sido miembro del primer Hellfire Club fundado por el Duque de Wharton en 1719 y supuestamente se disolvió en 1721. Ahora está probado que Sir Francis Dashwood y se alega que el conde de Sandwich fue miembro fundador de un segundo Hellfire Club que se reunió en el George and Vulture Inn en Lombard Street en la City de Londres durante la década de 1730. El pub **George and Vulture** es nombrado oficialmente en 1748, pero ha habido una posada en el mismo sitio en el distrito histórico de la City de Londres desde 1268.

SECRETOS DE AMÉRICA

Fue en este sitio, en una pasarela estrecha, que se dice que es un lugar de encuentro de la versión de Dashwood del notorio Hell-Fire Club. Para cuando Dashwood convocó allí su versión del Hell Fire Club, ya tenía un pasado oscuro: el George and Vulture Inn fue en un momento el alojamiento de Londres de los Earl Ferrers-condes y duques ingleses, y en 1175 un hermano suyo fue asesinado misteriosamente allí de noche.

Según el libro de 1779 ***Nocturnal Revels-Fiestas Nocturnas***, Dashwood visitó Alemania y otros países europeos durante el habitual Grand Tour que muchos aristócratas participaban después de finalizar sus carreras universitarias. Dashwwod había visitado varios 'seminarios religiosos', que, como explica el libro:

"... fundaron, por así decirlo, en directa contradicción con la Naturaleza y la Razón"; esa es una forma educada de decir que estos 'seminarios' eran en realidad Cultos. y los aspectos 'absurdos' eran, de hecho, el satanismo, la adoración de cráneos, la sodomía y las torturas sado-sexuales."

El libro ***Nocturnal Revels***, describe los rituales presenciados por Dashwood como 'austeridades y abstinencia, con una felicidad social desenfrenada' - casi lo mismo, supongo , como la maldad descarada y rencorosa de los ***Bullingdon Boys***, cuya iniciación requiere que se quemen £50 bajo la nariz de un vagabundo sin hogar. Y en el fondo se encuentran dos de los políticos más destacados del país inglés durante la última década: David Cameron y Boris Johnson. (Foto abajo)

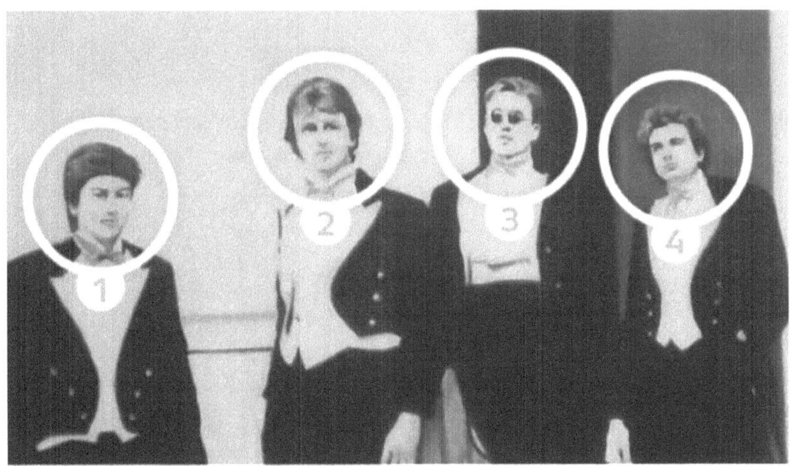

La ceremonia de coronación es un RITUAL, que utiliza una espada para marcar los cuatro puntos cardinales:

cuando la corona se coloca en la cabeza del monarca, toda la aristocracia también se pone sus coronas, el ritual se basa en la coronación del REY SALOMÓN del antiguo Israel. . La Corona Británica se guarda durante la noche en la CÁMARA DE JERUSALÉN en la Abadía de Westminster.

SECRETOS DE AMÉRICA

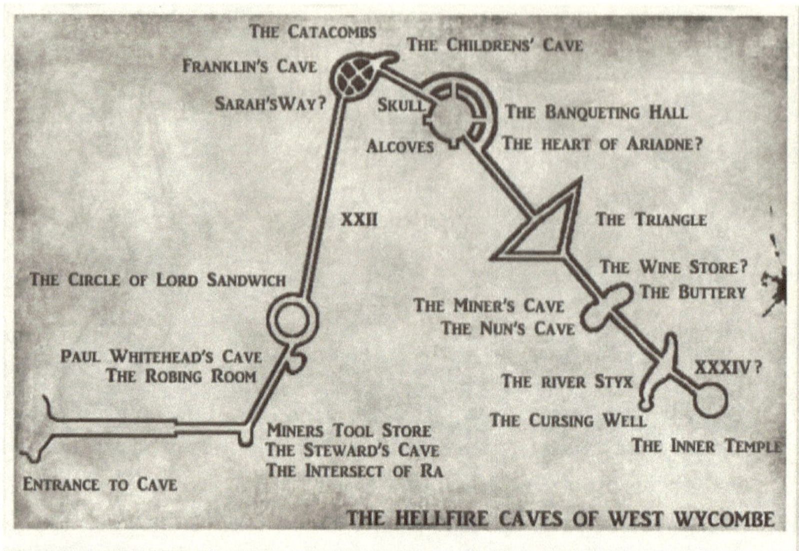

BENJAMIN FRANKLIN fue un asesino en serie y Nigromante - usando esqueletos y Cráneos en rituales masónicos en su casa en Londres. Franklin lideró una Hermandad satánica que había tenido secretos de la época del antiguo Egipto.

La Hermandad incluyó al Canciller del Exchequer & miembros del Cámara de los Lores que violaron y asesinaron víctimas en cuevas subterráneas en Buckinghamshire y en los pubs de la ciudad de Londres.

SECRETOS DE AMÉRICA

La primera reunión del Hell Fire Club de Dashwood se llevó a cabo en la casa de la familia de Sir Francis en West Wycombe en la Noche de Walpurgis en 1752. Aquí, podemos ver las credenciales paganas-satánicas del Hell Fire Club de Dashwood; La noche de Walpurgis es la traducción al inglés de Walpurgisnacht, también llamada Hexennacht (holandés: heksennacht; literalmente *"La noche de las brujas"*), e históricamente se cree que es la noche de una reunión de brujas en Brocken, el pico más alto de las montañas de Harz. una serie de colinas boscosas en el centro de Alemania entre los ríos Weser y Elba. Dashwood mantuvo la convención pagana de 12 miembros, que es el número estándar de adeptos en un Aquelarre de Brujas típico.

En los Estados Unidos, *Walpurgisnacht* es una de las principales *fiestas celebradas* dentro del *satanismo* LaVeyaino y es el aniversario de la fundación de la Iglesia de Satanás *de Anton LaVey*. Dashwood tenía varios títulos satirones para su Hell Fire Club: en un momento se conocieron en una iglesia desconsagrada, que anteriormente pertenecía a la orden cisterciense, en Marlow, Buckinghamshire. Sobre la gran entrada se colocó, en vidrieras, la famosa inscripción de la abadía de Rabelais en Theleme, **"Fay ce que voudras"**, que aproximadamente significa **HAZ LO QUE QUIERAS**, o haz lo que te dé placer. El nombre de este lugar 'Theleme' [que en griego significa FUERZA DE VOLUNTAD] y las actividades hedonistas, desenfrenadas, rencorosas y asesinas del aquelarre de Dashwood serían imitadas y copiadas en años posteriores por ***Ordo Templi Orientis*** de Aleister Crowley.

SECRETOS DE AMÉRICA

El Hell Fire Club de Dashwood era parte integrante de la misma red oculta de aquelarres satánicos masónicos que se habían extendido como un cáncer por el continente europeo, y a través de Benjamin Franklin, con el tiempo infectaría y se apoderaría de la política y la economía estadounidenses. El hecho de que Benjamin Franklin era un miembro de alto rango del Hell Fire Club, su nombre código como agente secreto era "*MOiSES*" y había retenido esqueletos en su casa, lo que prueba más allá de toda duda que la posterior colocación del símbolo de la pirámide en el billete de un dólar debe tener connotaciones satánicas.

Es de sólido sentido común y razón que Benjamin Franklin quisiera que la *Pirámide* estuviera estampada en el billete de un dólar, porque la Cámara de los Reyes representaba una especie de ``máquina " que absorbía y enfocaba la energía de la Fuerza Vital y había jugado un papel en la recolección de electricidad estática. energía del cielo. Pero no era cualquier representación antigua de la Pirámide lo que Franklin quería en el dólar - tenía la piedra angular 'elevada' y en realidad faltaba en la superestructura principal - reemplazada por un Ojo que todo lo ve etérico.

El autor y colega estadounidense, Fritz Springier, fue invitado a mi programa de radio en la primavera del 2015. Fritz explicó en vivo que su investigación sobre los 'linajes de sangre Illuminati' había sido copiada y revisada en gran medida por otros autores, y que la verdadera cordialidad entre los aristócratas y los padres fundadores estadounidenses, que eran masones, había sido mal interpretada.

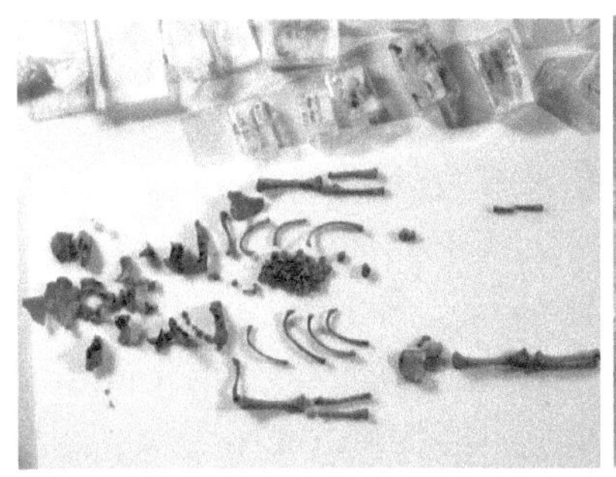

Sir Francis Dashwood dirigía el Aquelarre de Brujas del Hell Fire Club al mismo tiempo que era un Empleado del Príncipe de Gales. Arriba, El esqueleto de un bebé encontrado en un búnker subterráneo construido por Benjamin Franklin - en su casa en Craven Street de Londres.

Según Fritz, no hay duda de que el Hell Fire Club en High Wycombe en Inglaterra era un culto satánico secreto que estaba asociado con la masonería "Iluminati" temprana. Fritz afirma en su libro: *"Benjamin Franklin pasó los veranos de 1772, 1773 y 1774 en la propiedad de Dashwood en West Wycombe. Las cuevas bajo la propiedad de Dashwood en West Wycombe se utilizaron para rituales sexuales satánicos, en los que participó Benjamin Franklin"*

Cuando se conocieron las conexiones entre los satanistas del Hell Fire Club y la élite de la masonería, la masonería y la élite aristocrática británica llevaron a cabo un encubrimiento. Primero, la masonería, a través de la Gran Logia, proclamó públicamente que no tenía nada que ver con el Hell Fire Club. El Hell Fire Club se disolvió públicamente, pero más tarde, en silencio, el club se reconstituyó.

SECRETOS DE AMÉRICA

Parece que el duque de Wharton (1698-1731) fue el Gran Maestre de los masones de Inglaterra y también fue presidente del Hell Fire Club. También fue miembro del Parlamento, sirviendo en la Cámara de los Lores. En 1726, el duque de Wharton abandonó Inglaterra y los masones básicamente le desacreditaron, se distanciaron de él a raíz de acusaciones de satanismo, asesinato y violación en las cuevas de Hell Fire. George Lee, conde de Lichfield también fue otro masón prominente que fue miembro del Hell Fire Club.

Podemos ver aquí, que el encubrimiento del Hell Fire simula la situación moderna en la que Sir Peter Hayman, el subdirector del MI6, el director del MI5, Maxwell Knight, y el exjefe del MI5, Sir Anthony Duff, conspiraron para encubrir un culto sexual en el corazón del establishment de Westminster desde 1986 en adelante.

Benjamin Franklin, que era el jefe de los masones estadounidenses en varias capacidades, y también el jefe de los rosacruces y una serie de otros grupos ocultos secretos, no solo era miembro del Hell Fire Club, sino que había estado conservando esqueletos y cráneos en un búnker secreto en su casa en Craven Street, Londres. Según el autor Michael Adams:

"Benjamin Franklin fue una de las figuras más influyentes de la Revolución Americana. Se había convertido en francmasón en 1731 cuando se unió a la Logia de St. John en Filadelfia, que fue la primera logia masónica reconocida en América..."

SECRETOS DE AMÉRICA

En ese momento, Franklin trabajaba como periodista y escribió varios artículos pro-masónicos que fueron publicados en The Pennsylvania Gazette:

"En 1732, Franklin ayudó a redactar los estatutos de su logia masónica, y en 1734, imprimió las Constituciones que fueron el primer libro masónico jamás publicado en América."

"Franklin finalmente ascendió a Gran Maestre de la logia de San Juan, y en 1749 fue elegido Gran Maestre de la Provincia. Mientras estaba en Francia, en la década de 1770, como diplomático de las colonias americanas, Franklin fue nombrado Gran Maestro de la logia de las 9 hermanas en París. Los miembros de la Logia incluían a Danton, que iba a desempeñar un papel crucial en la Revolución Francesa, el Marqués de Lafayette y Paul Jones, quienes lucharon en la Guerra de Independencia de Estados Unidos. Mientras estaba en París, Franklin utilizó sus contactos masónicos para recaudar fondos para comprar armas para los rebeldes estadounidenses que protagonizaron una revolución contra la Corona británica".

Sin embargo, lo que podemos ver con mayor precisión de esta reevaluación de Franklin como satanista - es que fue un FRENTE para el sentimiento populista antijudío. Siendo un francomasón de alto rango, Benjamin Franklin se habría dado cuenta en ese entonces que la masonería es el brazo ejecutivo oculto del judaísmo. Franklin también se habría dado cuenta de que el satanismo es el precursor de la veneración pagana de la ***DEIDAD CORNUDA*** que dio origen a sectores del judaísmo en Caldea, una provincia de la antigua Babilonia.

SECRETOS DE AMÉRICA

Ahí lo tiene el satanismo, que conduce al prejudaísmo caldeo, que conduce a la masonería, los tres sistemas de creencias están interrelacionados, y Franklin lo habría sabido desde el principio. ¡Benjamin Franklin promovió la idea de que se colocara una iconografía totalmente judía en el billete de un dólar, mientras que simultáneamente se cagaba en los judíos! Franklin era un hipócrita. Quizás la acusación [falsa] más condenatoria de Franklin contra los judíos estaba contenida en su famosa "profecía" en la Convención Constitucional de 1787 en Filadelfia. Esta profecía en sí misma ha sido alabada como un "fraude". En una de las declaraciones más antijudías de todos los tiempos, declaró:

"Estoy totalmente de acuerdo con el general Washington, en que debemos proteger a esta joven nación de una influencia insidiosa y penetración...Esa amenaza, señores, son los judíos... En cualquier país donde los judíos se hayan establecido en gran número, han bajado su tono moral; depreció su integridad comercial; se han segregado y no han sido asimilados; se han burlado de la religión cristiana sobre la que se fundó esa nación y han tratado de socavarla objetando sus restricciones; han construido un estado dentro de un estado; y al oponerse han intentado estrangular económicamente a ese país hasta la muerte, como en el caso de España y Portugal ...

...Durante más de 1700 años, los judíos han lamentado su triste destino de haber sido exiliados de su tierra natal, como llaman a Palestina. Pero, señores, Si el mundo se lo diera de forma sencilla, encontrarían de inmediato alguna razón para no volver. ¿Por qué? Porque son vampiros y los vampiros no viven de vampiros. No pueden vivir solo entre ellos. Deben subsistir con cristianos y otras personas que no sean de su raza. Si no los excluye de estos Estados Unidos en la Constitución, en menos de 200 años habrán pululado aquí en tal número que dominarán y devorarán la tierra, y cambiarán nuestra forma de gobierno, por lo que los estadounidenses nos hemos despojado. nuestra sangre, da nuestra vida, nuestra sustancia, y pone en peligro nuestra libertad ...

SECRETOS DE AMÉRICA

Si no los excluye, en menos de 200 años nuestros descendientes estarán trabajando en el campo para proporcionarles sustancia, mientras que estarán en las casas de conteo frotándose las manos. Les advierto, señores, que si no excluyen a los judíos para siempre, sus hijos los maldecirán en sus tumbas. Los judíos, señores, son asiáticos, que nazcan donde quieran o cuantas generaciones estén lejos de Asia, nunca serán de otra manera. Sus ideas no se ajustan a las de un estadounidense, y no lo harán aunque vivan entre nosotros diez generaciones. Un leopardo no puede cambiar sus manchas. Los judíos son asiáticos, son una amenaza para este país si se les permite la entrada y deben ser excluidos por esta Convención Constitucional "

Los comentarios de Franklin se registraron en "Charla alrededor de la mesa durante los intermedios", una sección del Diario de Charles Cotesworth Pinckney, quien asistió a la Convención como delegado, y anotó extractos de algunos de los discursos y discursos destacados.

Quizás la mejor prueba de la profecía de Franklin, como con cualquier profecía, radica en su cumplimiento real. Lo que Benjamin Franklin predijo como una posibilidad siniestra en 1787 se ha convertido hoy en día, un poco más de doscientos años después, en una dolorosa realidad, con un lobby pro israelí ridículamente enorme y sobrerrepresentado que controla todas las facciones del gobierno en los EE. UU. Y también la Corte Suprema.

Podemos ver claramente que el conde de Sandwich, Benjamin Franklin y Sir Francis Dashwood, que formaban los rangos superiores del Hell Fire Club, tenían un ``control interno" a través de su influencia en la oficina del Post-Maestro General del Correo Británico. Servicio y Servicio Postal de los EE. UU.

Fritz Springier afirma que sus posiciones como Post-Master Generales les permitían el acceso total al correo y les permitían espiar las comunicaciones de la sociedad británica del siglo XVIII facilitando así un encubrimiento masivo. El hombre que se convirtió en Post-Master General británico después de Dashwood, quien pasó a ser miembro del Parlamento, era masón y miembro del Hell Fire Club; Sr. John Wilkes. En los EE. UU., Benjamin Franklin recibió exactamente el mismo trabajo, Post Master General.

John Wilkes también fue alcalde de Londres. No debemos olvidar nunca que Benjamin Franklin fue el primer millonario de Estados Unidos y eso, en parte, se debió a sus conexiones con Dashwood y al hecho de que Dashwood se convirtió en canciller de Hacienda. A Franklin se le atribuye la creación del sistema postal de EE. UU. Y las primeras bibliotecas de EE. UU. Se le ha acreditado con muchas innovaciones, y su rostro aparece en el billete de $100 dólares - Franklin nunca fue presidente - ¿quizás esto fue porque hubo un escándalo sobre su membresía en el Hell Fire Club?

SECRETOS DE AMÉRICA

La historia estadounidense nos dice que Franklin inventó las gafas bifocales, una versión de un inodoro interior y una estufa de leña. Está disfrazado de "hombre del pueblo", que nunca obtuvo una patente sobre ningún invento para que el máximo número de personas pudiera beneficiarse de ellos. Además de todo esto, se supone que Franklin ayudó a elaborar la Constitución y la Declaración de Derechos. Fue el primer embajador de Estados Unidos en Francia, y París era un semillero de actividad Illuminati en ese momento.

Claramente, Benjamin Franklin fue un asesino en serie y un satanista, ¡y los Libros de Historia deben ser reescritos! Franklin fue uno de los principales consultores en el diseño del billete de un dólar. Franklin eligió una escena alegórica del libro del Éxodo, descrita en sus notas como *"Moisés de pie en la orilla y extendiendo su mano sobre el mar, haciendo que la misma abrume al faraón que está sentado en un carruaje abierto, una corona en su Cabeza y espada en su mano. Rayos de una Columna de Fuego en las Nubes alcanzan a Moisés, para expresar que él actúa por Orden de la Deidad"*.

Lema, *"La rebelión a los tiranos es obediencia a Dios."*

Nunca debemos subestimar la influencia satánica del club Hell Fire y el hecho muy probable de que las cuevas del Hell Fire fueran frecuentadas por miembros de la Familia Real. Dashwood trabajó para Frederick Louis, Príncipe de Gales, quien fue el heredero aparente del trono británico desde 1727 hasta su muerte.

SECRETOS DE AMÉRICA

Era el hijo mayor del rey Jorge II y Carolina de Ansbach. Dashwood también era amigo del barón Melcombe, también conocido como Lord Dodington. Se dice que este par del reino estuvo involucrado en una red de espías, recopilando información valiosa sobre las actividades jacobinas. En 1761, tras el ascenso al trono del hijo de Federico como Jorge III, fue nombrado barón Melcombe, y Dashwood estaba bien posicionado para aprovechar los favores. Cuando comparas esta situación con lo que tenemos hoy, y el Sindicato Satánico VIP que opera en Westminster, podemos ver claramente que los mismos ocultistas están repitiendo la historia.

LA JOVEN QUE HABLABA CON ESPÍRITUS

Hace 600 años, una joven que vivía en un pequeño pueblo de Francia escuchó voces del mundo espiritual. Las voces le contaron secretos sobre el rey de Francia. Y las voces le dijeron que fuera a la GUERRA contra los británicos. Su nombre era Jeanne - Juana y las voces del mundo espiritual se hicieron cada vez más fuertes - con visiones de santos, ángeles , castillos, batallas, fuego, espadas, lobos, demonios y del mismo Jesús ... susurrándole a la niña en la oreja

Juana de Arco nació en Domremy en Champagne, Francia, alrededor del 6 de enero de 1412. El padre de Juana, era un campesino, Juana era la más joven de una familia de cinco. Ella nunca supo leer ni a escribir, pero era muy religiosa; solía rezar en la iglesia, absorta en la oración, cuando los otros niños jugaban en el campo.

SECRETOS DE AMÉRICA

Amaba a los pobres y le decía a los sacerdote locales y su familia que podía escuchar voces y ver visiones del cielo y el infierno. Se la conoció como la 'DONCELLA', y surgieron muchas leyendas sobre sus extraordinarias visiones del mundo espiritual que incluían a Jesús, la guerra y la salvación de Francia. Antes de ser quemada viva por el Vaticano, quien afirmó que era una bruja, los sacerdotes interrogaron a Juana para tratar de descubrir la raíz de sus visiones espirituales.

A la edad de 13 años y medio, en el verano de 1425, Juana fue poseída por una serie espiritual de visiones extáticas. Esta serie de instrucciones telepáticas espirituales y sagradas tenían un carácter sobrenatural tan intenso que provocó más leyendas y rumores sobre las "voces", a las que ella llamó su "consejo religioso". - Las visiones de Juana hicieron que los rumores llegasen hasta la corte real de Francia.

Al principio era simplemente una voz solitaria, susurrando muy cerca de ella, pero luego las visiones se volvieron vívidas, con fuego, batallas, coronas, espadas y luz resplandeciente - Joan pronto se dio cuenta de que quienes le hablaban eran ÁNGELES, San Miguel , Santa Margarita y Santa Catalina. Incluso bajo la amenaza de tortura, Joan no negaría que habló con ángeles. Dijo a sus jueces en la Inquisición francesa: *"Los vi ángeles claramente, con estos mismos ojos, así como los veo a ustedes"*.

SECRETOS DE AMÉRICA

En mayo de 1428, ya no dudaba de que los espíritus la llamaban para ir en ayuda del rey de Francia, y las voces se volvieron insistentes, instándola a presentarse ante Robert Baudricourt, un comandante militar de Carlos VII, dijo él: *"Soy una niña pobre, no sé montar ni pelear"* Pero ella insistió en ver al Rey de Francia - le dijo al Comandante: *"Es Dios quien lo manda".* Dejó su ciudad natal de Domremy en enero de 1429, y el 17 de febrero Juana tuvo una visión profética: predijo una gran derrota que le ocurriría al ejército francés fuera de Orleans, su predicción se hizo realidad y finalmente se le dio permiso para reunirse con el rey en Chinon el 6 de marzo de 1429.

Fue aquí donde la joven e inocente niña virginal, Juana, conoció a su amante secreto, Gilles de Rais, uno de los magos negros y violadores de niños más notorios y confesos que el mundo haya conocido. **Gilles de Rais** nació en Machecoul en la Bretaña francesa alrededor del año 1404. El primer período de su vida fue glorioso; compañero y guía de Juana de Arco, se convirtió en mariscal de Francia y se distinguió por muchas obras de valor y ganador de batallas como en Reihms y Orleans y luchador la guerra de los 100 años.

Pero después de disipar su inmensa fortuna, en gran parte en las ceremonias de la Iglesia llevadas a cabo con la extravagancia más excéntrica, se vio obligado a estudiar alquimia, en parte por curiosidad y en parte como un medio para restaurar su destrozada fortuna. Al enterarse de que Alemania e Italia eran los países donde florecía la alquimia, reclutó a italianos a su servicio y fue atraído gradualmente hacia la región de la magia.

SECRETOS DE AMÉRICA

Según Huysmans, Gilles de Rais había sido hasta ese momento un místico cristiano bajo la influencia de Juana de Arco, pero después de su muerte, posiblemente en la desesperación, se ofreció a los poderes de las tinieblas. Los evocadores de Satanás acudían ahora a él de todas partes, entre ellos Prelati o Prelado, un italiano, de ninguna manera viejo y arrugado hechicero de la tradición, sino un joven y atractivo hombre de modales encantadores.

Porque de Italia vinieron los adeptos más hábiles en el arte de la alquimia, la astrología, la magia y la evocación infernal, que se extendieron por Europa, particularmente Francia. Bajo la influencia de estos iniciadores, Gilles de Rais firmó una carta al diablo en un prado cerca de Machecoul pidiéndole *"conocimiento, poder y riquezas"*, y ofreciéndole a cambio todo lo que se le pudiera pedir con excepción de su vida o su alma. Pero a pesar de este llamamiento y de un pacto firmado con la sangre del escritor, no se produjeron apariciones satánicas.

Fue entonces cuando, cada vez más desesperado, Gilles de Rais recurrió a las abominaciones por las que su nombre sigue siendo infame: invocaciones aún más espantosas, libertinajes repugnantes, vicios pervertidos en todas sus formas, crueldades sádicas, sacrificios horribles y, finalmente, , holocaustos de niños y niñas recogidos por sus agentes en el campo circundante y ejecutados con las torturas más inhumanas.

SECRETOS DE AMÉRICA

Durante los años 1432-40, literalmente, cientos de niños desaparecieron. Muchos de los nombres de las pequeñas víctimas infelices se conservaron en los registros de la época. Gilles de Rais tuvo un final bien merecido: en 1440 fue ahorcado y quemado. Hasta ahora no parece haberse encontrado una persona que lo coloque en las filas de los mártires nobles.

Por supuesto, se insistirá en que los crímenes aquí descritos fueron los de un lunático criminal y no deben atribuirse a ninguna causa oculta; la respuesta a esto es que Gilles no era una unidad aislada, sino uno de un grupo de ocultistas que no pueden estar todos locos. Además, fue solo después de su invocación del Maligno que desarrolló estas proclividades monstruosas. Así también su réplica del siglo XVIII, el Marqués de Sade, combinó con sus abominaciones un odio apasionado a la religión cristiana.

¿Cuál es la explicación de esta locura por la magia en Europa Occidental? Deschamps apunta a la Kábala, *"esa ciencia de las artes demoníacas, de las cuales los judíos fueron los iniciadores"*, y sin duda en cualquier revisión integral de la cuestión no se puede ignorar la influencia de los cabalistas judíos. En España, Portugal, Provenza e Italia, los judíos del siglo XV se habían convertido en una potencia; ya en 1450 se habían infiltrado en los círculos intelectuales de Florencia, y fue también en Italia donde, un siglo después, Isaac Luria (1533-72) inauguró la escuela cabalística moderna, cuyas doctrinas fueron organizadas en un sistema práctico por los jasidim de Europa del Este para la escritura de amuletos, el conjuro de demonios, malabarismos místicos con números y letras, etc.

Italia en el siglo XV era así un centro desde el cual irradiaban influencias cabalísticas, y puede ser que los italianos que adoctrinaron a Gilles de Rais se hayan inspirado en esta fuente. De hecho, Eliphas Lévi, quien ciertamente no puede ser acusado de **"*antisemitismo*"**, declara que *"los judíos, los más fieles depositarios del secreto de la Kábala, fueron casi siempre los verdaderos maestros de la magia en la Edad Media",* y sugiere que Gilles de Rais tomó sus monstruosas recetas para usar la sangre de los niños asesinados *"de algunos de esos antiguos grimorios hebreos (libros demoníacos sobre magia), que, si se hubiesen conocido, habrían bastado para llevar a los judíos a la execración del toda la tierra."*

Los cultos del cráneo o la calavera son algunos de los cultos más antiguos del planeta. Desde aproximadamente el 26.000 a. C. hasta el 19.500 a. C. floreció una civilización europea artística que esculpió obras de arte asombrosas y que erigió los grandes anillos circulares de piedra erigida. Sin embargo, un nuevo sacerdocio entró y se estableció como una élite gobernante y ocupó esos sitios de círculos de piedra megalíticos.

SECRETOS DE AMÉRICA

Estos engendraron una cultura del sacrificio humano, muy similar a la de los aztecas en América Central. La antigua Gran Bretaña, desafortunadamente, fue tomada por una cultura caníbal bárbara, arrojando todos los logros arquitectónicos megalíticos de la Edad de Hielo a la Edad de Piedra. "Celt-a" del griego keltoi, significa salvaje. Para los ocupantes romanos, algunas colonias británicas también se conocían como galos o gals, que significa "bárbaros"

El Hombre de Lindow fue desenterrado en una turbera en 1981, y la erudita celta, la Dra. Anne Ross, escribió un libro sobre él en 1991 (Vida y muerte de un príncipe druida) con la teoría de que era un druida que accedió a ser sacrificado para proteger la tierra. Murió una muerte ritual "triple", y se encontró polen de muérdago en su estómago. Los sacerdotes del Culto de la Muerte Druídica esencialmente formalizaron las actividades bárbaras de sus antepasados.

Esta sangre humana de sacrificio y la matanza simbólica de la "Compasión" (conocida como *care* "cuidado") fue ofrecida a Hu, el Dios Sol, y al hacerlo, sacó a la luz los aspectos negativos de la personalidad del Dios Sol. Toda la compasión y armonía existente dentro de la personalidad del Dios Sol fue pisoteada, a favor de fortalecer y galvanizar los aspectos falsos y llenos de odio de su carácter. Hu fue etiquetado por los primeros cultos fanáticos civilizados hippy-cristianos (como los esenios que escribieron los Rollos del Mar Muerto) como SATANÁS.

SECRETOS DE AMÉRICA

Gilles de Rais no solo era el novio de Juana de Arco sino que además era un asesino de niños a los cuales los decapitaba y en varias ocasiones a la vez de cortarle el cuello a los menores bebía su sangre e invocaba al Baal, babilónico.

La familia Bush, su gran secreto familiar, fue expuesto hace años cuando se reveló que el abuelo de George W. había profanado la tumba y robado el cráneo del guerrero indio Gerónimo.

SECRETOS DE AMÉRICA

Y el Dios Sol se convirtió en el Señor de la Ira del Antiguo Testamento judaico. No es de extrañar, entonces, que Satanás / el Diablo no sea mencionado en el Antiguo Testamento. El Diablo es, como todos podemos entender ahora, la personalidad negativa del Dios Sol que en un tiempo trajo armonía al planeta, las estaciones y la Gente.

Los **Bonesman** de *skull and bones* que han usurpado la democracia normal, que hacen un mal uso de la Corte Suprema para organizar golpes de estado, adoran esta negatividad dentro de la personalidad del gran Dios Sol o Jabulon. Y eso, querido lector, es la razón por la que el druidismo y la masonería son cultos globales que trabajan de la mano, al servicio de la élite aristocrática-real en su saqueo de los recursos de la tierra.

Los fanáticos de Crowley de todo el mundo acuden en masa a vivir con los Aghori y se profanan a sí mismos, se untan con ceniza de piras funerarias y, de ahora en adelante, se otorgan una muesca de 'un hombre superior' dentro de la Ordo Templi Orientis y también en las redes de culto en general. Al realizar las acciones más sucias, comer carne humana podrida y excrementos, creen que el mal que hacen apresurará y acelerará el tiempo de la gran Tribulación y la era del Anticristo: esta ideología diabólica galvaniza a los Aghori, los Sabbateos Zevitas, los Frankistas y Satanistas en general.

CAPÍTULO IX: EL OJO DE LUCIFER

La Gran Pirámide ha estado sin su Piramidión incompleta desde que la Historia empezó. Cuando miras hacia la Gran Pirámide, falta el Piramidión. Los relatos antiguos y la evidencia arqueológica demuestran que toda la estructura fue renderizada y envuelta en piedra caliza blanca, y los bloques de esta cubierta exterior todavía se pueden ver en la base de la cara norte de la Gran Pirámide de Giza.

Hoy en día, tiene la parte superior plana y no puntiaguda como debería ser una pirámide. En casi todas las demás pirámides, la fase final de la construcción fue "rematar" la estructura con un Piramidión o piedra angular. Esta piedra angular, con toda probabilidad, se enfundó en una PLACA ELÉCTRICA que se fabrica batiendo capas sucesivas de plata y oro finas de una micra juntas; esta funda de metal probablemente se colocó sobre una piedra angular de granito rojo.

SECRETOS DE AMÉRICA

Los relatos de los visitantes de la Gran Pirámide del pasado antiguo (desde la época de Cristo) siempre informaron que la pirámide carecía de una piedra angular. Si de hecho hubiera sido hecho de oro macizo, como algunas personas han especulado, entonces es fácil imaginar que los saqueadores son responsables de la destrucción y eliminación de la piedra angular.

Hay algunos pirámides impresionantes y grandes en exhibición en el Museo Nacional de El Cairo, al menos dos de ellos, conocidos como piedras **ben ben**, tenían un pedigrí y una procedencia desconocida, de hecho, ya había fotografiado otras dos grandes piedras angulares en el Louvre de París. que también serían buenos candidatos para el escurridizo Piramidión.

Me di cuenta, después de entrevistar a exploradores rusos y árabes que subieron y se sentaron en la cima, que el área desigual de la cima, que mide 10 bloques por 10 bloques, ha sido completamente desmantelada, y que hay al menos 9 metros masonería de piedra que faltaba en la cumbre. He medido el área de la cumbre usando imágenes de drones HD, y es obvio que faltan al menos cinco hileras de piedras grandes, y esto es exactamente lo que vemos representado en el billete de un dólar.El Georradar (GPR) se utilizó por primera vez en la década de 1970 y se ha utilizado en la meseta de Giza desde la década de 1980. Los sistemas GPR ahora nos brindan una pantalla a todo color en tiempo relativo en gafas digitales.

E incluso se están realizando estudios GPR desde satélites espaciales: GPR nos permite ver a través de los bloques de granito como la visión de rayos X de Superman. En 1987, dos investigadores, Yoshimura y Tonauchi, utilizaron GPR para escanear la estructura interna de la Gran Pirámide y la construcción de la Esfinge. Su descubrimiento bajo el piso de la Cámara de los Reyes todavía no está adecuadamente escrito en revistas científicas ni arqueológicas.

Según mi difunto amigo, colega, y autor Philip Coppens, en 1998, se le pidió a un investigador llamado Abbas Mohamed que estudiara la mejor manera de restaurar la Esfinge y protegerla contra la penetración de aguas subterráneas; esto llevó a un estudio GPR de varias franjas de terreno en la Meseta de Giza. Abbas dijo que usaría la tecnología GPR para *"investigar partes profundas de la meseta para revelar cualquier pozo o túnel oculto en los sectores estudiados"*. Se habían identificado nueve áreas de interés potencial, que Abbas y su equipo sometieron a una serie de exploraciones GPR detalladas. Al observar estos escaneos, es obvio que se debería haber realizado mucho más trabajo de GPR, tanto dentro como fuera de la Gran Pirámide, pero oficialmente nunca se ha realizado.

Uno de los fenómenos más extraños con los que me he topado personalmente al hacer viajes y videos sobre Egipto es cómo hay un grupo fanático de exploradores adscritos a la **organización Edgar Cayce** que con entusiasmo, desde la década de 1990, llevan haciendo afirmaciones sobre varios pozos y cámaras subterráneas bajo la calzada cerca de la Esfinge.

SECRETOS DE AMÉRICA

Sin embargo, cuando entrevistaba a estas personas, a menudo me sorprendió que no tengan idea de que hay una gran cavidad, que mide 1 metro de profundidad detrás de una de las piedras del piso ¡en la parte trasera del sarcófago en la Cámara de los Reyes!

Allá por 1993, cuando **Rudolf Gantenbrink** encontró la "puerta" dentro de uno de los "ejes del alma", y los egiptólogos dirigidos por Mark Lehner se apresuraron a restar importancia al descubrimiento e insistieron en que era solo un "bloque de piedra". Ha habido misiones robóticas televisadas posteriores, con el iRobot procedente de MIT de Boston, y un pequeño orificio perforado en la "puerta" confirmó un burbuja de aire y otra pequeña cámara en uno de los ejes. Una y otra vez, a lo largo del desarrollo de la robótica y el radar de penetración terrestre, somos testigos de nuevos y tentadores descubrimientos dentro de la pirámide, solo para luego quedarnos con retrasos frustrantes que continúan durante años, y actualmente la Cámara de la Reina en la Gran Pirámide ha sido cerrada al público.

Han pasado 22 años asombrosos desde la primera inspección robótica de los ejes internos de la pirámide; solo se puede suponer con lógica que las excavaciones 'privadas' continúan con equipos muy privados, y que las cavidades dentro de la pirámide están siendo *'limpiadas'* y "**desinfectadas**" y cualquier *artefacto eliminado*, antes de que se anuncie en los medios de comunicación un "descubrimiento" organizado y muy publicitado.

SECRETOS DE AMÉRICA

Durante todo este período, el Departamento de Antigüedades Supremas ha sido plenamente consciente de que hay una cámara a nivel del piso, que mide al menos 1 metro de profundidad, a la pared izquierda y trasera de la Cámara de los Reyes. Además, hay una "cripta" poco profunda a solo unos centímetros de altura a la derecha del sarcófago.

Agregue a esto la matriz confirmada de vacíos de la 'caja de huevos' debajo del piso de la Cámara de los Reyes, y se puede ver que hemos jugado un juego de Humo y Espejos, que promete tentadoramente más excavaciones de robots, sin mencionar eso en el lado tridimensional. , la Cámara de los Reyes está rodeada de cavidades y cámaras grandes y pequeñas, y posiblemente una segunda entrada detrás del sarcófago. Muchos, muchos grupos de todo el planeta han publicado blogs sobre una **SALA DE REGISTROS** en Giza, ¡pero la mayoría de ellos no saben que hay cavidades detrás de la pared trasera de la Cámara de los Reyes!

Mi conclusión es que si esos "registros" realmente existieran, explicarían cómo canalizar y almacenar la electricidad atmosférica y cómo "robar" la fuerza vital de una víctima recién sacrificada. El antiguo Egipto fue gobernado por familias poderosas y súper ricas, igual que EEUU está dirigido por familias elitistas europeas, hoy en día tambien, que están relacionadas con estas familias en Egipto, antes en Babilonia y después en Alemania y Gran Bretaña.

SECRETOS DE AMÉRICA

Por tanto, debemos usar el sentido común y el juicio, y ver que estos faraones de la antigüedad probablemente fueron tan despiadados como nuestros monarcas y gobiernos actuales: ***mantuvieron en secreto el conocimiento de la electricidad.*** De hecho, existe una amplia evidencia de que una red global de cultos de sangre provino de Egipto y ha sido mantenida viva y en buen estado por magos, paganos, brujas y masones hasta nuestros días. Francis Bacon, John Dee, Alister Crowley fueron arquitectos en la historia secreta y misterios del comienzo de la fundación de la Nueva Atlantis-América. Benjamin Franklin, por ejemplo, fue un 'testaferro' al que se le dio carta blanca, finalmente, para 'inventar' la electricidad y anunciar la revolución industrial americana.

100 bloques comprenden la cumbre de la Gran Pirámide. La piedra angular puede haber sido robada x saqueadores, o eliminada deliberadamente con el fin de "desactivar" La capacidad de la Gran Piramide para cosechar energía atmosférica.

EL OJO DE LUCIFER: Las Hermandades Satánicas que roban el "alma" de una persona bebiendo su sangre del cráneo de la víctima han estado operando en el planeta Tierra durante al menos 25.000 años. La evidencia fotografiada durante las expediciones a Egipto por CHRIS EVERARD demuestra claramente que el sacrificio humano y la sangre se usaron en rituales durante las dinastías farahónicas. La energía bioeléctrica de la sangre se fusionó con las propiedades mecánicas electromagnéticas de la pirámide; por lo tanto, la pirámide era como una "batería psíquica".

SECRETOS DE AMÉRICA

SECRETOS DE AMÉRICA

Bibliografía

-Duncan Steel, Marking Time: The Epic Quest to Invent the Perfect Calendar, Reed Business Information, Inc., (1999)

-Robert K. Spenser, The Cult of The All-Seeing Eye,

-David Ovason. The Secret Architecture of Our Nation's Capital: The Masons and the Building of Washington, D.C. (2002)

-Christopher Hodapp, Solomon's Builders: Freemasons, Founding Fathers and the Secrets of Washington D.C. (2006)

-Geoffrey Ashe, Nick McDougal, et ál., The Secret History of the Hell-Fire Clubs: From Rabelais and John Dee to Anton LaVey and Timothy Leary (1974)

- W. Marsham Adams, The Book of the Master of the Hidden Places, The Search Publishing Company (1933)

- Kenneth Grant, Crowley and the Hidden God (1996)

-Nesta H. Webster, Secret Societies And Subversive Movements [1916]

- Mr. Rawlins and Mr. Pickering, Aug. 16 issue of Nature, North at Giza, The International Journal of Scientific History (2008)

-H.P. Blavatsky, The Secret Doctrine, TUP, 1977 (1888)

- R. Bauval & A. Gilbert, The Orion Mystery, William Heinemann Ltd., (1994)

SECRETOS DE AMÉRICA

- I.E.S. Edwards, The Pyramids of Egypt, Penguin, (1993)

- Manly P. Hall y Mitch Horowitz, The Secret History of America: Classic Writings on Our Nation's Unknown Past and Inner Purpose (1990)

-Manly P Hall, Las enseñanzas secretas de todos los tiempos (1978)

SECRETOS DE AMÉRICA

HAY VARIOS DE MIS LIBROS POLULANDO POR INTERNET Y DE HECHO EN AMAZON, ALGUNOS COPIADOS, E INCLUSO CON TÍTULOS DIFERENTES Y OTROS DE OTRA EDITORIAL PIRATA QUE NO TIENE PERMISO DE VENTA. SI HAS VISTO O COMPRADO ALGUNOS DE ESTOS LIBROS SOSPECHOSOS. COMUNÍCALO A PANARTIST@GMAIL.COM

PARA OBENER MIS LIBROS LOS PIDES DIRECTAMENTE VÍA WWW.COLINRIVAS.COM VERSION EBOOK Y OTROS 20 TOMOS DE TEMAS INÉDITOS SOBRE EL GLOBALISMO Y LO OCULTO.

SI QUIERES DEJARME UNA PROPINA Y APOYAR MI TRABAJO, FAVOR DE IR A WWW.PAYPAL.ME/COLINRIVASSHOW

SECRETOS DE AMÉRICA

SECRETOS DE AMÉRICA